Quelques pas de danse en famille

David Leavitt

Quelques pas de danse en famille

Traduit de l'américain
par Jean-Yves Pouilloux

Pour ma mère et
pour Debbie Keates

Titre original :
FAMILY DANCING
Alfred A. Knopf, New York

«… Blanc est la couleur
de l'adoration et du deuil, et pourtant
il n'est pas ici pour adorer et il est trop sage pour porter le
deuil – prisonnier de la vie, mais réconcilié.

«La trompe enroulée, haut levée – signe de la défaite
chez les éléphants –, il a résisté, mais maintenant
il a l'âge de raison. Sa trompe tendue semble dire :
quand ce que nous espérions est venu à rien,
nous sommes revenus à la vie.»

Marianne MOORE, *Elephants*.

Territoire

La mère de Neil, Mrs. Campbell, est assise sur sa chaise pliante, derrière une table de bridge, devant la coopérative de produits alimentaires. Toutes les cinq minutes, le soleil tourne et elle déplace table et chaise de quelques centimètres en arrière de façon à rester à l'ombre. Il fait 37° au-dehors et l'air est chauffé à blanc. Chaque fois que quelqu'un entre ou sort de la coopérative, une bouffée d'air conditionné s'élève de la porte automatique, soulevant de la poussière.

Neil se tient juste à l'intérieur, en équilibre au-dessus d'un poste d'eau, il l'observe. Elle porte un chapeau de soleil et un sweatshirt par-dessus sa tenue de tennis ; elle a les jambes nues, luisantes d'huile solaire. Devant elle, appuyé contre la table, un écriteau proclame :

MÈRES ! LUTTEZ POUR LES DROITS DE VOS ENFANTS ! POUR UN AVENIR SANS NUCLÉAIRE

Des femmes, vêtues exactement comme elle, passent, remarquent l'écriteau, écoutent son bref boniment, feuillettent des brochures, signent – ou ne signent pas – des pétitions –, jamais elles ne donnent d'argent. Elle a les yeux las, masqués par des lunettes de soleil. À l'époque de Reagan, a-t-elle déclaré, défendre la cause de la paix et de la justice représente un effort vain, fatigant et sans gratifications ; c'est pourquoi il appartient aux mères de famille de s'y consacrer. Le soleil fait un reflet sur la vitre à travers laquelle Neil l'observe. Son reflet à lui rejoint son profil à elle.

Plus tard dans l'après-midi, Neil s'allonge au bord de la piscine et il imagine que le jardinier chicano au torse nu le regarde. Mais le jardinier, tout occupé à tailler les arbustes, n'est disposé ni à séduire ni à être séduit. Sur la pelouse, les grands airedales de sa mère – Abigail, Lucille et Fern – vont et viennent, reniflent, font leurs besoins. Parfois ils vont jusqu'au jardinier qui les injurie en espagnol.

Après deux années d'absence, raisonne Neil, il devrait éprouver de la nostalgie, du regret, du bonheur en revenant à la maison. Il ferme les yeux, essaie de rassembler les morceaux d'une musique d'ambiance qui pourrait convenir dans un film pour la scène du retour. Mais sa rhapsodie est interrompue par les sons du trio maternel : les grincements du violoncelle, le violon qui geint, le piano qui trébuche, Lillian Havalard, Charlotte Feder et elle se sont lancées dans Mozart. C'est un air guilleret, à la manière germanique, on ne peut plus étranger à ce que Neil essaie de ressentir. Et pourtant c'est la musique de son adolescence ; elles la jouent depuis des années, penchées sur les partitions, avec des mouvements de tête pour accompagner le métronome en silence.

Il fait plus sombre maintenant. Toutes les cinq minutes il lui faut déplacer sa serviette pour rester dans la bande exposée au soleil, et qui se rétrécit. Dans quatre heures, Wayne, qui est son amant depuis dix mois, et la seule personne avec qui il ait jamais imaginé passer sa vie, sera dans cette maison où jamais aucun de ses amants n'a mis le pied. Cette pensée l'emplit d'une grande appréhension, mais aussi de curiosité. Il s'étire, tâche de se sentir séduisant, désirable. Les cisailles du jardinier s'attaquent aux fougères ; au-dessus de lui, la musique s'accélère vers une conclusion bruyante, hâtive. Les femmes rient et s'applaudissent elles-mêmes, c'est assez pour aujourd'hui. Il entend le fort accent nasillard de Charlotte Feder, la voix semble sortir d'une grosse femme en tailleur-pantalon rose – ce qui est bizarre car Charlotte ressemble plutôt à une vieille chouette décharnée et arthritique qui porte rarement autre chose qu'un short de tennis et une blouse ; la grosse femme en tailleur-pantalon rose, c'est Lillian ; elle a une voix grêle, un ton de fausset d'avoir trop crié. Un verre à la main elle lui lance depuis le porche : « Quelle chaleur ! » et lui fait un geste de la main. Il se redresse et la salue d'un signe de tête.

Les femmes sont assises sous le porche et bavardent ; leurs voix se mêlent au choc des glaçons dans les verres. Elles font partie d'un petit cercle de femmes qui toutes (sauf la mère de Neil) sont veuves ou divorcées. Le mari de Lillian l'a quittée il y a vingt-deux ans, et il lui envoie chaque mois un chèque suffisant pour vivre ; Charlotte a passé dans le divorce deux fois plus de temps que dans le mariage, elle a une fille qui a été condamnée à une longue peine de détention pour des actes de terrorisme commis lorsqu'elle avait dix-neuf ans. Seule la mère de Neil a un mari, un mari du genre absent, souvent parti en voyage d'affaires. C'est justement le cas aujourd'hui. Toutes ces dames se sentent flouées – par les maris, par les enfants, par l'Histoire.

Neil ferme les yeux, il essaie d'entendre les mots seulement comme des sons. Bientôt un bruit nouveau parvient jusqu'à lui : sa mère discute avec le jardinier en espagnol. Il se penche sur les coudes et les observe ; les syllabes sont bruyantes, enflammées et contenues à la fois, elles semblent prêtes à exploser. Mais la dispute se termine bien ; ils se serrent la main. Le jardinier récolte son chèque et passe le portail, à pied, sans seulement prêter attention à Neil.

Il ne connaît pas le nom du jardinier ; comme sa mère le lui a rappelé, il ne sait pas grand-chose de ce qui s'est passé depuis qu'il est parti. La vie qu'elle a menée s'est écoulée sans être affectée par son absence. Son propre égoïsme le fait tressaillir, l'égoïsme des fils.

« Neil ! Tu as appelé l'aéroport pour vérifier si l'avion arrive à l'heure ?

— Oui, répond-il en criant, tout va bien.

— Bon. Le dîner sera prêt quand vous reviendrez...

— Maman...

— Quoi ? » Le mot lui parvient dans une sorte de gémissement las qui ressemble plus à une réponse qu'à une question.

« Qu'est-ce qui ne va pas ? dit-il en oubliant sa première question.

— Mais rien », la voix laisse comprendre que tout va mal, « il faut donner à manger aux chiens, il faut préparer à dîner et j'ai du monde ici. Tout va bien.

— J'espère que les choses se passeront le mieux possible quand Wayne sera là.

— C'est une demande ou une menace ?

— Maman... »

Derrière les lunettes de soleil, ses yeux sont indéchiffrables. « Je suis fatiguée. La journée a été longue. Je... je suis impatiente de rencontrer Wayne. Je suis sûre qu'il sera merveilleux, et que nous passerons tous des moments merveilleux, merveilleux. Excuse-moi, je suis juste fatiguée. »

Elle arrive jusqu'aux marches. Tout à coup il ressent le besoin de se couvrir ; son corps le gêne, comme toujours devant elle depuis cette matinée où, le voyant torse nu, elle s'était écriée, ravie : « Mais Neil ! tu as du poil qui te pousse sous les bras ! »

Avant qu'il ait pu se relever, les chiens l'entourent et commencent à le renifler, à le lécher. Il se contorsionne pour leur échapper, mais Abigail, la plus grande et la plus bête, se met à califourchon sur son ventre et fourre son museau sur sa bouche. Il crache, et la repousse en riant. « Laissez-moi tranquille, satanés clébards », leur jette-t-il, et il leur donne une tape. Ce sont des chiens nouveaux, pas le chien de son enfance, pas des chiens auxquels on peut faire confiance.

Le voici debout, les chiens en cercle autour de lui le regardent, en attente. Un nouvel accès de terreur l'envahit, à la pensée que bientôt Wayne sera là : dormiront-ils dans la même chambre ? Feront-ils l'amour ? Il n'a jamais eu de relations sexuelles dans la maison de ses parents. Comment pourrait-on s'attendre qu'il soit un amant ici, dans le lieu de son enfance, de ses premières pudeurs, dans cette maisonnée de mères et de chiens ?

« À la soupe ! Abbylucyferny, Abbylucyferny, à la soupe ! » les litanies de sa mère dispersent les chiens qui s'élancent vers la porte.

« Est-ce que tu te rends compte, lui crie-t-il, que malgré toute leur affection, ces chiens n'hésiteraient sans doute pas à te tuer en échange du gigot qui est dans le réfrigérateur ? »

C'est à douze ans que Neil a éprouvé pour la première fois quelque chose qui semblait relever de la sexualité. Il était étendu dehors, sur la pelouse, quand Raspoutine, le chien de son enfance, mort il y a bien longtemps, se mit à lui lécher la figure. Il ressentit un fourmillement inconnu et releva sa chemise pour s'offrir davantage au chien. La langue toute fraîche le chatouillait. Un museau humide commença à descendre le long de son corps en reniflant, jusqu'au maillot de bain. Ce qu'il ressentit lui fit peur, mais il ne put réunir l'énergie nécessaire pour repousser le chien. À ce moment sa mère appela : « À la soupe », et Raspoutine était déjà parti, plus intéressé par la nourriture que par lui.

Ce fut le lendemain du jour où ils avaient enterré Raspoutine, bien des années plus tard, que Neil, debout dans la cuisine, tournant le dos à ses parents, se décida à dire, avec une facilité inattendue : « Je suis homosexuel. » Les mots paraissaient insuffisants, réducteurs. Pendant des années, il avait cru que sa sexualité était détachable de son moi essentiel, et maintenant il s'apercevait qu'elle faisait partie de lui-même. Il eut la sensation brusque, désespérante, que, même si les mots avaient été faciles à dire, le fait de les avoir prononcés en public les dévaluait sans recours. Alors seulement, pour la première fois, il les accepta pour véridiques, et se mit à trembler, à pleurer de regret en pensant à ce qu'il ne serait pas pour sa mère, à la déception qu'il lui causerait. Son père gardait le silence, renversé en arrière; à ce moment-là, il était absent, comme il était absent la plupart du temps, d'une absence profonde. Neil le revoyait toujours assis au bord du lit, en sous-vêtements, absorbé par une émission quelconque à la télévision. Il dit : « Ce n'est pas grave, Neil. » Mais sa mère était décidée; sa lèvre inférieure ne trembla pas. Elle avait d'énormes réserves d'énergie, auxquelles elle ne recourait que dans des moments comme celui-ci. Elle l'étreignit par-derrière, l'enveloppant dans les senteurs de son enfance, parfum et brownies, et elle chuchota : « Ne t'en fais pas, mon chéri. »

Pour une fois ses paroles semblaient aussi mal convenir que les siennes à lui. Neil se sentit rapetisser jusqu'à n'être plus qu'un adolescent embarrassé qui détestait sa compassion et ne voulait pas qu'elle le touchât. Ce fut, désormais, sa façon de sentir lorsqu'il se trouvait en sa présence – et ce l'est aujourd'hui encore, à vingt-trois ans, alors même qu'il amène à la maison son amant pour le lui présenter.

Durant toute son enfance, il l'a vue préparer exclusivement les déjeuners les plus nourrissants, s'engager dans les associations de parents d'élèves, se porter volontaire pour la bibliothèque scolaire, organiser une campagne victorieuse pour proscrire un livre d'histoire raciste. Le lendemain de sa déclaration, elle avait déniché une organisation appelée : « Union des parents d'homosexuels, hommes et femmes » et s'était mise en rapport avec eux. Un an plus tard, elle en était présidente. Chaque week-end, avec d'autres mères, elle conduisait son break à San Francisco, elles installaient leur table de bridge devant les bains Bulldog, les bains Liberty, et distribuaient de la littérature à des hommes vêtus de cuir et de jean, qui répugnaient fort à seulement admettre qu'ils avaient des mères. Ces hommes, normalement agressifs les uns avec les autres, étaient étrangement intimidés par ces dames venues des banlieues avec leurs fascicules d'information, et ils s'inclinaient devant elles. Neil était en seconde année d'université et vivait à San Francisco. Elle lui apporta des tracts qui passaient en revue les risques encourus dans les bains publics et les arrière-salles, avec les lavements et les aphrodisiaques, les rencontres sexuelles sans un mot dans les ruelles. Pour lui, ses incursions dans ce monde avaient été brèves et lamentables, elles appartenaient au passé. Mais il s'était crispé à l'idée qu'elle savait tout des secrets de sa vie sexuelle, et il s'était promis de partir vers la côte est pour lui échapper. Ce n'était guère différent de l'époque où elle avait fait campagne pour un meilleur terrain de jeux, ou aidé les enfants de langue espagnole à travailler, dans la salle d'audiovisuel. Alors aussi il avait fui loin de ce qui la faisait se mobiliser. Maintenant encore, trônant devant la coopérative pour recueillir des signatures en faveur du désarmement nucléaire, elle était une quintessence de mère. Et si le lot des mères c'est de n'attendre rien en retour, est-ce le lot des fils de ne rien donner en retour ?

Neil passe Dumbarton Bridge sur le chemin de l'aéroport, il pense, je n'ai rien donné en retour ; simplement je m'en suis retourné. Il se demande si, sachant ce qu'il allait devenir, elle lui aurait quand même donné naissance.

Il se reprend : « Pourquoi se supposerait-il l'unique cause de son chagrin ? » Elle lui a dit qu'elle menait une vie pleine de secrets. Elle a changé depuis qu'il a quitté la maison, la voici plus mince, plus sévère, plus difficile à embrasser. Elle a cessé de faire des gâteaux, entrepris de jouer au tennis ; sa peau est bronzée et tendue. Elle n'est plus la femme qui le prenait dans ses bras et l'embrassait en disant : « Tant que tu es heureux, c'est la seule chose qui compte pour nous. »

Autour de lui, le paysage est plat ; le pont flotte au-dessus d'une vase pourpre et verte, masse spongieuse qui comble la baie, il n'y a pas d'eau du tout. À moins de dix miles au nord, une ville entière a été construite sur le limon qu'on a dragué dans la baie.

Il arrive à l'aéroport avec dix minutes d'avance, pour découvrir que l'avion a atterri depuis vingt minutes déjà. Quand il aperçoit Wayne, il est de dos près du tapis roulant des bagages ; il a son allure habituelle, négligemment ébouriffé, il porte le blouson de cuir râpé qu'il portait la nuit où ils se sont rencontrés. Neil se faufile jusqu'à lui et lui pose les mains sur les épaules ; quand Wayne fait demi-tour, il a l'air soulagé de le voir.

Ils s'étreignent fraternellement ; c'est seulement dans la voiture de la mère de Neil, à l'abri, qu'ils osent s'embrasser. Ils retrouvent leur odeur, et peu à peu se sentent bien. « Jamais je n'aurais imaginé qu'un jour je te verrais ici, dit Neil, mais tu es exactement le même ici et là-bas.

— Ça ne fait qu'une semaine... »

Ils s'embrassent de nouveau, Neil veut aller dans un motel, mais Wayne tient à être réaliste : « Nous serons là-bas bientôt. Ne t'en fais pas.

— On pourrait aller dans un des bains en ville et prendre une cabine pour un ou deux millénaires. Seigneur ! j'ai envie de toi. Je ne sais même pas si nous aurons la même chambre.

— Bah... sinon nous nous faufilerons de l'une à l'autre en secret ; ce sera romanesque. »

Ils se tiennent enlacés quelques instants de plus, jusqu'à ce qu'ils remarquent qu'on les regarde à travers la vitre. Ils se séparent à contrecœur. Neil se redit qu'il aime cet homme, que c'est une bonne raison pour l'amener à la maison.

Pour revenir, il prend la route touristique. La voiture franchit des collines, traverse des forêts, emprunte des autoroutes à quatre voies, haut dans les montagnes. Wayne raconte à Neil que, dans l'avion, il était assis à côté d'une femme qui avait été infirmière du psychiatre de Marylin Monroe. Il glisse son pied hors de sa chaussure et touche la cheville de Neil, de l'orteil il baisse sa socquette.

« Il faut que je conduise, dit Neil, je suis très heureux que tu sois ici. »

On se sent bien dans l'intimité de la voiture. Tous les deux redoutent de marcher main dans la main et de manifester en public des signes d'affection – même autour des 70e Rues Ouest à New York, pourtant tolérantes –, c'est une crainte qu'ils ne se sont avouée qu'entre eux. Ils passent un col entre deux collines, et les voici tout à coup dans une Californie du Nord résidentielle, un pays de maisons coûteuses, style ranch.

Dès qu'ils arrivent chez la mère de Neil, les chiens accourent en aboyant après la voiture. Quand Wayne ouvre la portière, ils sautent sur lui et lui montent dessus, il essaie de la refermer : « N'aie pas peur ! Abbylucyferny ! Rentrez à la maison, bon sang ! »

Voici la mère qui descend du porche. Elle s'est changée et porte une robe bleue à fleurs que Neil ne connaît pas. Il sort de la voiture et, sans conviction, donne une tape aux chiens. Dans les arbres on entend le chant des grillons. Sa mère est rayonnante, et même belle, éclairée par les phares, entourée de ses chiens qui sont paisibles maintenant, on dirait Circé et ses esclaves. Quand elle marche vers Wayne, la main tendue en disant : « Wayne, je suis Barbara », Neil oublie qu'elle est sa mère.

« Heureux de vous rencontrer, Barbara », répond Wayne en lui prenant la main. Plus rusé qu'elle, il la fait pivoter et l'embrasse sur la joue.

Barbara ! Il appelle sa mère Barbara ! Puis Neil se rappelle que Wayne a cinq ans de plus que lui. Ils bavardent, la portière ouverte, et, derrière eux, Neil se tient à l'écart, comme un adolescent embarrassé, mal à l'aise, de trop.

Ainsi se passe le moment redouté. Il aurait aussi bien pu ne pas être présent. Au dîner, Wayne veille à garder la conversation de tout accroc, comme si, séduit, il faisait la cour à la mère de Neil pour l'épouser. « Pédé, amant de son pédé de fils », ces mots viennent à l'esprit de Neil, comme on crache. Elle a préparé des petites boulettes de viande à la coriandre fraîche, des fettucine avec du basilic. Wayne parle de la faune qui peuple les rues de New York ; le Salvador est une tragédie ; si seulement Sadate n'était pas mort ; Phyllis Schlafly... que faire ?

« C'est une cause perdue, lui dit-elle, tous les jours, je suis là-bas avec ma table de bridge, d'autres mères de famille avec moi, mais je vous assure, Wayne, c'est une cause perdue. Parfois je pense que nous, les vieilles dames, nous sommes les seules à avoir assez de patience pour lutter. »

De temps à autre, Neil dit un mot, mais ses remarques lui semblent gauches et idiotes. Wayne continue à appeler sa mère Barbara. D'aussi loin que Neil se souvienne, personne de moins de quarante ans ne l'a jamais appelée Barbara. Ils boivent du vin ; lui, non.

C'est le moment d'agir, maintenant. Il envisage de prendre la main de Wayne, puis se ravise. Il n'a jamais fait devant elle aucun geste qui puisse confirmer que le choix sexuel proclamé cinq années plus tôt était réel et non imaginaire. Même aujourd'hui, Wayne et lui pourraient aussi bien être des amis, des camarades de chambre à l'université. C'est alors que Wayne vient à son secours, et, d'un seul geste d'une évidence indiscutable, cherche sa main et l'étreint, en plein milieu d'une plaisanterie qu'il est en train de faire sur l'Arabie

Saoudite. Le temps d'un rire et leurs mains sont jointes. La gorge de Neil se serre, son cœur se met à battre avec violence. Il remarque que les yeux de sa mère ont un battement de paupière et qu'elle les baisse ; mais à aucun moment elle n'interrompt le déroulement de sa phrase. Le dîner se poursuit, un à un les tabous dans lesquels il a grandi s'effondrent tranquillement.

Elle dessert la table. Leurs mains restent jointes ; il serait incapable de dire à qui sont les doigts, à Wayne ou à lui. Elle débarrasse ce qui reste et rassemble les chiens.

« Eh bien, jeunes gens, je suis très fatiguée, j'ai une longue journée qui m'attend demain, je crois que je vais vous laisser. Wayne, il y a des serviettes pour vous dans la salle de bains de Neil. Dormez bien.

— Bonne nuit, Barbara, ç'a été merveilleux de faire votre connaissance. »

Ils sont seuls. Maintenant leurs mains peuvent se desserrer.

« Pas de problème pour notre chambre, non ?

— Non, répond Neil, j'ai seulement du mal à m'imaginer couché avec quelqu'un dans cette maison. »

L'une de ses jambes tremble violemment. Wayne lui prend fermement la main et le hisse sur ses pieds.

Plus tard dans la nuit, ils sont étendus dehors sous les séquoias, ils écoutent les grillons déchaînés et le gargouillis de la piscine qui se filtre. Les feuilles d'arbres leur piquent la peau. Ils sont tombés amoureux l'un de l'autre dans des bars, dans des appartements, mais c'est la première fois qu'ils font l'amour dehors. Neil n'est pas certain d'avoir apprécié l'expérience. Il n'a cessé de sentir des regards, imaginant que les chats du voisinage le fixaient, ébahis, derrière les haies de mûres. Il se rappelle qu'il s'était caché là une fois qu'ils jouaient aux « Sardines », lui et d'autres enfants du voisinage, il se rappelle l'excitation des petits corps entassés ensemble, l'haleine chaude d'un rire réprimé sur sa nuque. « Le perdant passait par la machine à fessée, raconte-t-il à Wayne.

— Tu perdais souvent ?

— Presque toujours. La machine ne faisait jamais vraiment mal, c'était juste un tourbillon de mains. Si on courait assez vite, on échappait aux claques. De temps en temps, tard dans la soirée, ça devenait vilain. On se courait après et on se déculottait les uns les autres. C'était tout. Filles et garçons mélangés.

— Écoute les insectes », répond Wayne, et il ferme les yeux.

Neil se tourne vers lui et le dévisage, il remarque un petit bouton, un seul. D'habitude quand ils font l'amour, cela commence par une lutte, un combat pour la domination, et ça se termine dans une troublante perte d'identité – comme maintenant, où Neil voit un pied dans l'herbe, appuyé contre sa jambe, et qu'il essaie de savoir si c'est le sien ou celui de Wayne.

À l'intérieur de la maison, les chiens se mettent à aboyer. Leurs jappements montent jusqu'à l'aigu. Neil se lève. « Je me demande s'ils sentent quelque chose.

— Sans doute seulement nous.

— Ma mère va se réveiller. Elle déteste qu'on la réveille. »

Dans la maison la lumière s'allume, puis la porte sur le porche s'ouvre. « Qu'est-ce qui ne va pas, Abby ? » demande doucement la voix de sa mère.

Wayne bâillonne Neil de la main. « Ne dis rien, chuchote-t-il.

— Je ne peux tout de même pas... », commence Neil, mais la main de Wayne sur sa bouche le fait taire. Il la mord, et Wayne se met à rire.

« Qu'est-ce que c'est ? lance-t-elle vers le jardin. Il y a quelqu'un ? »

Les chiens aboient plus fort. « Abbylucyferny ! Ça va, ça va », sa voix est douce et inquiète. « Il y a quelqu'un ? » demande-t-elle d'une voix forte.

Les mûriers tremblent. Elle prend la lampe-torche et balaie le jardin. Wayne et Neil plongent à plat ventre ; le rayon passe sur eux, les effleure quelques secondes. Puis il s'éteint et les voilà dans le noir, un noir nouveau, plus sombre, auquel il leur faut réhabituer leurs yeux.

« Allons, au lit, Abbylucyferny ! » dit-elle doucement. Neil et Wayne entendent son pas dans la maison. Les chiens la suivent en gémissant, et les lumières s'éteignent.

Il était déjà arrivé que Neil et sa mère se regardent face à face en pleine lumière. Quatre ans plus tôt, ils s'étaient trouvés, immobiles, dans le faisceau des phares de la voiture, à attendre le train. Il retournait à San Francisco où il devait participer le lendemain à la Marche des homosexuels. La gare était tout à côté de la coopérative, le parking était le même. La coopérative, familière et ennuyeuse de jour, ne manquait pas de mystère, la nuit. Neil retrouva l'endroit où il avait dérapé à bicyclette, il s'était cassé la jambe. À travers les portes vitrées, sous l'éclairage éclatant, on voyait l'intérieur du magasin, les rangées bien alignées de boîtes de conserve et de paquets, qui formaient tout un univers, chaque boîte en pleine lumière si bien que, même de l'extérieur, Neil pouvait déchiffrer les étiquettes. Il ne manquait que les dames en tenue de tennis et sweatshirt, poussant leur Caddie devant les bacs à noix et à fruits secs.

« Ton train a du retard », lui dit sa mère. Ses cheveux tombaient librement sur ses épaules, elle avait les jambes bronzées. Neil la regardait et essayait de l'imaginer en train d'accoucher de lui – de s'arquer et de se débattre dans ses efforts pour le faire naître. Il ressentit alors cet étrange élan d'affection, asexuée, envers les femmes, qu'il avait durant toute son adolescence pris pour du désir hétérosexuel.

Une lumière brillante s'approchait, suivie du son grave et lancinant du sifflet. Neil embrassa sa mère, lui lança au revoir tout en courant au-devant du train. C'était un train d'un modèle ancien, aux vitres d'une horrible teinte jaune verdâtre de citron vert. Il s'arrêta juste le temps qu'on monte dedans et repartit. Neil courut à la fenêtre, espérant la voir démarrer, mais la couleur des vitres ne permettait de voir au-dehors que de vagues taches de lumière – réverbères, voitures, la coopérative.

Il s'enfonça dans le siège raide et vert. Le train était presque complètement vide ; le seul autre passager était un homme basané vêtu de jeans et d'un blouson de cuir. Il était assis juste de l'autre côté du couloir, près de la fenêtre. Il avait une peau rude et une épaisse moustache. Neil découvrit qu'en faisant semblant de regarder par la fenêtre, il pouvait observer le reflet de l'homme dans la vitre jaune citron vert. C'était seulement un peu flou – comme sur une vieille photographie. Neil sentit sa bouche s'ouvrir, le sommeil peser sur lui. Des halos rouges et des éclairs jaunes qui traversaient les parois de verre donnaient au visage de l'homme sur la vitre des pulsations, comme si, bizarrement, il avait eu des spasmes musculaires. Quelques instants suffirent à Neil pour s'apercevoir que l'autre le dévisageait ou plus exactement contemplait sa nuque – le regardait regarder. L'homme sourit, comme pour dire je sais exactement ce que tu regardes, et Neil ressentit la sensation nauséeuse du désir qui montait dans sa gorge.

Juste avant d'atteindre la ville, l'homme se leva et vint s'asseoir tout à côté de Neil. Sa cuisse frôla la sienne, volontairement. Les yeux de Neil se mouillèrent, il se sentit mal au cœur. L'homme lui prit la main et dit : « Pourquoi es-tu si nerveux, mon mignon ? Relaxe. »

Neil se réveilla le lendemain matin, un goût de cendres dans la bouche. Il était étendu sur le sol, sans couvertures, ni draps, ni oreillers. Machinalement il chercha son pantalon, et comme il le passait il se trouva face à face avec l'homme du train. Il s'appelait Luis ; il se trouvait qu'il était tondeur de chiens. L'appartement sentait le chien.

« Es-tu si pressé ? dit Luis.

— Oui, la manifestation. La Marche des homosexuels. J'ai rendez-vous avec des amis.

— Je viens avec toi. Je me crois trop vieux pour ce genre de choses, mais après tout pourquoi pas ? »

Neil n'avait pas envie que Luis l'accompagne, mais il ne trouva pas le moyen de le lui dire. De jour, Luis paraissait plus âgé, plutôt du genre à transmettre des maladies. Il passa son tee-shirt déchiré, son blouson de cuir, ses blue-jeans. « C'est mon costume de tous les jours », dit-il et il rit. Neil boutonna son pantalon tout en pensant que la veille sa mère le lui avait lavé. Luis présentait l'exacte combinaison d'hypermasculinité et d'allure efféminée typique du pédé. Neil voulait se débarrasser de lui, mais il portait sa marque, il le sentait trop bien. Ils seraient amants, que Neil le veuille ou non.

Ils rejoignirent le cortège à mi-parcours. Neil espérait qu'ils ne rencontreraient personne de sa connaissance ; il ne souhaitait pas avoir à expliquer Luis, qui se cramponnait à lui. Le cortège était plein d'hommes aux torses nus, aux épaules musculeuses, huilées. Le dos de Neil lui faisait mal. Il y avait des chars qui transportaient des reines de beauté et des majorettes aux robes voyantes, les uns barbus, les autres vraiment semblables à des femmes. Luis dit : « Ça me rend fier, heureux d'être ce que je suis. » Neil imaginait qu'en s'enfonçant dans la foule il pourrait perdre Luis, pour toujours, mais il avait de la peine à le quitter ; comme si l'idée de se retrouver seul lui était insupportable.

Neil sursauta quand il vit sa mère qui regardait passer le défilé en tenant une pancarte. Elle était dans le groupe du « Rassemblement des parents d'homosexuels (hommes et femmes) ». Ils avaient déployé une immense banderole sur le mur derrière eux, on y lisait

FILS, FILLES, NOUS SOMMES FIERS DE VOUS. Elle le repéra, agita les bras en sautant en l'air.

« Qui est cette femme ? demanda Luis.

— Ma mère. Il faudrait que j'aille lui dire bonjour.

— Allons-y. » Et sur ces mots Luis accompagna Neil vers les bords du cortège. Neil embrassa sa mère. Luis enleva son maillot pour s'en essuyer la figure et il sourit.

« Je suis content que tu sois venue, dit Neil.

— Je n'aurais pas voulu manquer ça, Neil. Je voulais te montrer que c'est important pour moi. »

Neil sourit et l'embrassa de nouveau. Il ne fit pas mine de vouloir lui présenter Luis, si bien que Luis se présenta lui-même.

« Bonjour, Luis », dit Mrs. Campbell. Neil détourna le regard. Luis lui serra la main. Neil eut envie de dire à sa mère de se laver, et se promit d'aller à la première heure lundi passer des examens à l'Institut prophylactique.

« Neil, voici Carmen Bologna, l'une des mères », dit Mrs. Campbell en lui présentant une grosse dame italienne aux joues empourprées, aux cheveux coiffés en forme de conque marine.

« Heureuse de te rencontrer, Neil, heureuse de te rencontrer. Tu connais mon fils Michael ? Je suis si fière de Michael. Il a réussi maintenant. Je suis fière de lui, je suis fière d'être sa mère, et ta mère est fière elle aussi ! »

La femme lui souriait, et Neil ne trouva rien à lui répondre que « Merci ». Mal à l'aise il regarda sa mère qui écoutait parler Luis. Il lui vint à l'esprit que sans doute les pires moments de sa vie allaient commencer, et il n'avait aucun moyen de l'empêcher.

Un char de travestis s'avançait vers l'endroit où étaient les mères. « Michael ! Michael ! » s'écria Carmen Bologna, et elle courut embrasser un homme sec comme une trique dans des falbalas de satin vert. Sur les paupières de Michael, il y avait une épaisse couche de fard vert, et ses lèvres étaient peintes en rose.

Neil se retourna et vit sa mère qui regardait, bouche bée. Il alla vers Luis, et ils rejoignirent le cortège. Il se retourna et lui fit signe de la main. Elle le lui rendit ; sur son visage, il lut de la peine et, fugitivement, du regret. Ce jour-là, il eut le sentiment qu'elle l'aurait bien échangé contre un fils différent, n'importe lequel. Plus tard, elle lui dit : « Carmen Bologna était vraiment fière, et laisse-moi te dire, en tant que mère qui sait de quoi elle parle, qu'il faut avoir bien du courage pour éprouver une telle fierté. »

Neil n'avait jamais été fier. Il lui fallut un an pour laisser tomber Luis, puis encore un an pour quitter la Californie. Il avait toujours dans la bouche cet écœurant goût de cendres. Dans l'avion il eut la vision de sa mère, assise dans l'obscurité, en train de fumer. Elle ne lui quitta pas l'esprit, jusqu'à ce qu'il se retrouve en train de tourner au-dessus de New York en regardant l'aube se lever sur Queens. La chanson qu'il entendait dans les écouteurs allait rester au bord de sa mémoire, toujours liée à son absence à elle. Il récupéra ses bagages et prit un bus vers la cité. Il y avait des crieurs de journaux en plein milieu de l'autoroute, qui les vendaient par la portière aux voitures immobilisées. Il était sept heures du matin quand il arriva à Manhattan. Il resta dix minutes au bord de la 34e Rue Est à respirer l'air froid, il sentait bouillonner son sang.

Neil trouva du travail comme assistant juridique, un emploi provisoire, se dit-il. Quand il rencontra Wayne un an plus tard, les impressions de ce premier jour lui revinrent. Ils étaient restés debout toute la nuit et, à six heures du matin, ils traversaient le parc vers l'appartement de Wayne, avec la démarche nerveuse et décidée à la fois de gens qui meurent d'envie de faire l'amour ensemble pour la première fois. Il y avait des gens qui faisaient de la course à pied, avec leur chien. Aucun d'entre eux n'avait idée de ce que Wayne et lui allaient faire, et le secret l'excitait. Lui revinrent à l'esprit sa mère, la chanson, et la vision tournoyante de

Queens qui s'éveillait au-dessous de lui. Sa respiration prenait la consistance des nuages, et il se sentit heureux comme, de sa vie, ça ne lui était arrivé.

Le deuxième jour de la visite de Wayne, ils accompagnent Mrs. Campbell pour aller chercher les chiens chez le toiletteur. L'établissement, astiqué, est décoré avec des rubans roses et des photographies du bouledogue premier prix de concours, qui appartient au propriétaire. Une volumineuse femme entre deux âges apparaît à la porte du fond, avec, tenus en laisse, tout frais pomponnés et rasés, Abigail, Lucille et Fern. Quand ils aperçoivent la mère de Neil, les chiens se mettent à se battre comme des fous, emmêlant leurs laisses. « Du calme, mesdames ! » ordonne Mrs. Campbell, et elle attrape les chiens. Elle confie Fern à Neil, Abigail à Wayne. Au retour, dans la voiture, Abigail pose les pattes sur les cuisses de Wayne pour essayer de lui monter dessus.

« Poussez-la, dit Mrs. Campbell, elle sait qu'elle n'a pas le droit de faire ça.

— Tu ne faisais jamais toiletter Raspoutine, proteste Neil.

— Raspoutine était un corniaud.

— Raspoutine était un chien splendide, même s'il sentait fort.

— Tu te rappelles quand tu étais petit, Neil, tu le faisais danser avec toi. Une fois tu avais essayé de lui passer un corsage à moi.

— Je ne me rappelle pas ça.

— Si, si, je me souviens. Et puis tu avais essayé d'organiser un concours de beauté pour tous les chiens du quartier. Tu voulais des éliminatoires… le grand jeu.

— Un concours de beauté ? demande Wayne.

— Maman, est-ce qu'il faut vraiment…

— Vois-tu, c'est le privilège des mères d'embarrasser leur fils », dit Mrs. Campbell avec un sourire.

Juste comme ils arrivent à l'entrée, Wayne se met à pousser des cris, il chasse Abigail de ses cuisses : « Bon Dieu ! Le chien vient de me pisser dessus ! »

Neil fait le tour de la voiture, le pantalon de Wayne est en train de s'imbiber lentement. Il se retient de rire. Mrs. Campbell lui tend un chiffon.

« Désolée, Wayne, c'est une question de territoire.

— C'est vraiment dégoûtant », répond Wayne en se tamponnant avec un chiffon.

Neil se contemple dans le rétroviseur et sourit.

À la maison, tandis que Wayne se nettoie dans la salle de bains, Neil regarde sa mère préparer à déjeuner – de la soupe avec des nouilles japonaises. « Quand tu es parti à l'université, raconte-t-elle, je suis allée chez l'épicier. Je voulais acheter des nouilles "ramen" pour toi, et tout à coup j'ai compris que tu ne serais pas là pour les manger. J'ai fondu en larmes sur-le-champ, et j'ai pleuré comme une idiote. »

Neil serre les poings dans ses poches. Elle a l'art de lui raconter de petites histoires tristes exactement au moment où il n'a pas envie de les entendre – des histoires de poupées cassées par ses frères, de casse-croûte chipés par les garnements du voisinage sur le chemin de l'école. Il a maintenant, lui aussi, rejoint les rangs des garçons qui l'ont martyrisée.

« Je suis désolé, maman. »

Elle se penche au-dessus des nouilles, le visage tout embué. « Je n'ai rien voulu dire devant Wayne, mais tu aurais pu répondre, hier soir. J'avais très peur, et j'étais inquiète. »

Il répète : « Je suis désolé », mais ce n'est pas très convaincant. Il a des fourmis dans les doigts. Comme un gros chagrin prêt à naître.

Elle continue : « Je mène une vie calme. Je ne veux pas jouer les rabat-joie, mais je n'ai vraiment pas la force de supporter ces blagues idiotes. S'il te plaît, ne me fais plus peur comme ça.

— Si ça t'ennuyait à ce point, pourquoi est-ce que tu n'as rien dit ?

— J'aime autant ne pas discuter. Je mène une vie calme. Je n'ai pas l'habitude qu'on me réveille en pleine nuit, je n'ai pas l'habitude...

— ... de me voir avec un amant ?

— Ce n'est pas ça, je n'ai pas l'habitude qu'il y ait du monde ici, c'est tout. Wayne est charmant. C'est un garçon très bien.

— Il t'aime bien lui aussi.

— Je suis sûre que nous nous entendrons. » Elle verse les nouilles fumantes dans des bols de céramique. Wayne revient, en short. Il a des jambes blanches et poilues qui contrastent violemment avec les siennes à elle, brunes et lisses. Elle lui dit : « Je nettoierai votre pantalon, Wayne, j'ai un produit spécial pour enlever les taches. »

Elle jette un coup d'œil à Neil pour lui signifier que le sujet est clos. Il regarde Wayne, regarde sa mère ; son embarras du début laisse place à une violente fierté – l'arrogance de la domination. Il est heureux que sa mère voie combien on le désire, heureux de la faire flancher.

Plus tard, il fait quelques pas dans le jardin ; le jardinier est revenu, il taille les arbustes avec ses cisailles. En maillot de bain, Neil marche à ses côtés, comme s'il était à la parade.

Cet après-midi-là, il trouve l'aide-mémoire de sa mère sur la table de la cuisine :

MARDI

7 heures, petit déjeuner.
Emmener les chiens chez toiletteur.
Épicerie (?).
Campagne contre conscription 4-7.
Acheter sous-vêtements.

Trio – 2 heures.
Spaghetti.
Fruits.
Asperges – si moins cher.
Cacahuètes.
Lait.
R.V. docteur (prendre).
Écrire Cranston/Hayakawa.
Désarmement (*bis*).
Sacs emballages.
Mozart.
Abigail.
Ramen surchoix.
Pedro.

Son bureau et sa poubelle sont pleins de listes de ce genre ; aussi loin qu'il remonte dans ses souvenirs, il en a vu de pareilles. C'est avec elles qu'il a appris à lire. D'ailleurs sa propre vie est, elle aussi, pleine de listes interminables – recouvertes de signes et de flèches, avec toujours au moins une rubrique qui déborde sur le jour d'après. De septembre à novembre, on voyait revenir, liste après liste : « Acheter billet avion pour Noël. »

La dernière inscription « Pedro » l'intrigue. Pedro doit être le jardinier. Il observe les différentes couches de noms, cette singularité arbitraire qui donne un sens à la vie de sa mère. Il pourrait dresser la liste qui le concerne : enfant, adolescent, le fils pédé qui couche avec n'importe qui, et pour finir le bon fils, établi et qui a pas mal réussi. Mais ces catégories ne marcheraient pas ; il est aujourd'hui, et il sera toujours, l'enfant que lèche le chien, l'enfant par terre avec Luis ; il sera toute sa vie cela même dont il a honte. Les autres listes – listes de choses faites et à faire – disent une vérité qui leur est propre, à savoir que sa vie se compte vraiment en objets et non en âges. Il se reconnaît dans « corde à sauter », « livre », « lunettes de soleil » ou « sous-vêtements ».

« Parlez-moi de votre famille, Wayne », dit Mrs. Campbell dans la voiture qui les emmène en ville dans la soirée. Ils vont, au ciné-club du coin, voir un film avec Esther Williams : une comédie musicale sous-marine, pleine de sirènes, les Rockettes sous-marines.

« Mon père était avocat, répond Wayne, il avait un bureau dans Queens avec une enseigne au néon. J'imagine qu'il doit être le seul avocat au monde à avoir eu une enseigne au néon. Toujours est-il que j'avais dix ans quand il est mort. Ma mère ne s'est jamais remariée. Elle vit à Queens. Son grand titre de gloire est d'avoir participé, à vingt-deux ans, à "La question à 64 000 $" dans la catégorie "romans policiers". Elle est allée jusqu'à 60 000 avant de chuter.

— Moi, quand j'avais dix ans, je voulais que tu t'inscrives à "Jeopardy", dit Neil à sa mère. Tu aurais dû, tu sais, vraiment, tu aurais sûrement gagné.

— C'est vrai que tu adorais "Jeopardy", dit Mrs. Campbell, tu regardais ça pendant le dîner. Wayne, votre mère travaille ?

— Non, elle vit de ses rentes.

— Vous êtes deux enfants uniques », constate Mrs. Campbell. Neil se demande si elle n'est pas en train de remâcher la possibilité d'un lien entre cette coïncidence et leur « style de vie différent ».

Le cinéma est pratiquement vide. Neil s'assied entre Wayne et sa mère. Il y a des coussins par terre à l'avant de la salle, un chat flâne autour d'eux et on voit de temps en temps son ombre énorme sur l'écran, ce qui trouble l'effet apaisant du ballet aquatique. Comme s'il avait seize ans, Neil risque avec prudence son bras vers les épaules de Wayne. Aussitôt Wayne lui prend la main. À côté d'eux, sa mère respire, souffle, souffle, respire. Avec circonspection, Neil déplace son second bras, le lève derrière la nuque de sa mère. Il n'a pas un regard vers elle, mais à sa respiration il est sûr qu'elle sait ce qu'il est en train de faire. Lentement, précautionneusement, il laisse sa main descendre sur son épaule, qui a un spasme nerveux, et lui il sursaute comme s'il avait reçu une décharge électrique. Un hoquet brise le souffle calme de sa mère, même Wayne le remarque. Une seconde de lumière sur l'écran laisse voir les yeux pleins de panique, et le bras de Neil figé au-dessus d'elle, prêt à descendre de nouveau. Lentement il abaisse le bras jusqu'à sentir dans ses doigts le contact de sa peau, le tissu de sa robe. Il est allé trop loin pour reculer ; ils sont, tous, allés trop loin.

Wayne et Mrs. Campbell s'enfoncent dans leur siège, mais Neil reste droit, ses bras levés ne tiennent rien. Quand le film s'achève ils restent un moment sans bouger.

« Je me sens vieille, dit Mrs. Campbell en rentrant. Je me souviens quand ces films sont sortis. Ton père et moi en avons vu un à notre premier rendez-vous. Je les aimais parce que je pouvais m'imaginer que ces femmes sous l'eau étaient en train de voler tant elles étaient gracieuses. On tirait vraiment parti du technicolor, en ce temps-là. La couleur c'était vraiment quelque chose. On ne se figure pas ce que ça pouvait être de voir un film en couleurs pour la première fois, après des années de noir et blanc. C'est comme essayer d'expliquer à un habitant de la côte est l'émerveillement devant la neige. J'ai bien peur qu'il n'y ait plus grand-chose de nouveau. »

Neil aimerait bien lui parler de sa nostalgie à lui, mais comment pourrait-il exprimer que tout tourne autour d'elle ? Il se plaît à évoquer la vie qu'elle a eue avant sa naissance. « Raconte à Wayne combien tu ressemblais à Esther Williams », lui demande-t-il.

Elle rougit, « Oui, on m'a dit que je ressemblais à Esther Williams, mais en fait c'était plutôt Gene Tierney. Pas vraiment belle, mais on me remarquait. Ça me fait plaisir de penser que j'ai eu un certain “magnétisme”.

— Vous l'avez toujours », répond Wayne, et aussitôt il s'aperçoit que sa parole porte à faux. Un silence et un rire nerveux témoignent qu'il n'a pas eu le temps de maîtriser le dialecte familial.

Quand ils arrivent à la maison, la nuit est, comme hier, emplie du bruissement des criquets. Mrs. Campbell attrape une lampe de poche et appelle ses chiens « Abbylucyferny, Abbylucyferny », et les chiens accourent tous, elle les pousse vers l'arrière de la maison et les suit. Neil lui emboîte le pas. Wayne le suit, mais traîne sous le porche. Neil marche à sa suite, et elle traverse le jardin d'un pas lourd. Elle tient sa lampe-torche, des escargots sortent de dessous les buissons, de derrière les rochers, et viennent vers elle. Dès qu'elle les voit, elle les écrase sous sa semelle, ça fait un bruit mou et craquant comme un œuf qu'on casse.

« Par une nuit comme ça, dit-elle, je pense à des enfants en haillons, dans des pays tropicaux, en Amérique latine. J'ai des cauchemars, je vois des tanks dans notre rue.

— Jamais le temps n'est comme ça à New York, répond Neil, quand il fait chaud, c'est humide et poisseux. On n'a pas envie de sortir.

— Je ne pourrais vivre nulle part ailleurs qu'ici. Je crois que j'en mourrais. J'ai trop l'habitude de ce climat.

— Allons, tu ne le crois pas vraiment.

— Si, je le pense. Je me suis trop bien acclimatée. »

Les chiens aboient comme des fauves vers la clôture. « Un chat, je pense », dit-elle. Elle dirige le faisceau de la lampe vers un rocher et des escargots sortent en nombre, une foule, trop bêtes pour avoir appris à se méfier de la lumière.

« Je sais ce que tu faisais au cinéma, dit-elle.

— Quoi ?

— Je sais ce que tu faisais.

— Ce que je faisais ? J'ai mis mon bras sur tes épaules.

— Je suis désolée, Neil, je peux en supporter pas mal. Mais trop, c'est trop.

— Qu'est-ce que tu veux dire ? J'essayais seulement de manifester mon affection.

— Affection ? Oh ! je sais ce que c'est l'affection ! » Il regarde vers le porche, il voit Wayne qui se dirige vers la porte en essayant de ne pas écouter.

« Qu'est-ce que tu veux dire ? » répète Neil.

Elle éteint la lampe et s'entoure elle-même dans ses bras. « Je me rappelle quand tu étais petit, je me rappelle, et il faut que je cesse de me rappeler. Je voulais que tu sois heureux. Et j'ai les idées larges, je comprends. Mais c'est plus que je ne peux en supporter. »

Il a le cœur au bord des lèvres. « Maman, tu sais, je crois que ma vie, ça n'est pas de ta faute. Pour l'amour de Dieu, ne me dis pas que ta vie à toi c'est ma faute.

— Ce n'est pas une question de faute. » Elle sort un Kleenex de sa poche et se mouche. « Je suis navrée, Neil. Je dois être une vieille femme, avec trop à penser et pas assez à faire », elle rit, sans conviction. « Ne t'inquiète pas. Ne dis rien. Abbylucyferny, Abbylucyferny, c'est l'heure d'aller se coucher. »

Il la regarde aller vers le porche, murée et royale. On entend le bruit feutré de ses pas, le cliquetis des colliers des chiens quand ils courent vers la maison.

Il avait douze ans quand elle l'a vu défiler pour la première fois. Il jouait du tuba et, pendant que l'orchestre de l'école parcourait lourdement les rues de la ville, qui était encore minuscule à l'époque, elle faisait la haie pour le saluer. Plus tard, elle l'avait emmené manger une glace. Il en avait renversé sur son uniforme rouge et elle lui avait donné une tape avec une serviette en papier. Elle avait été présente ce jour-là, comme, des années plus tard, à ce défilé plus marquant ; elle avait été présente à chaque jour.

Une semaine plus tard, quelque part au-dessus de l'Iowa, Neil se rappelle la scène, et d'autres circonstances où il la trouvait en larmes, assise dans le noir. Il fallait qu'elle prenne sur elle, sur son propre chagrin, pour apaiser l'anxiété qu'il avait. « C'est la vie, lui dit-elle plus tard, c'est ça la vie d'une mère.

— Ce qui m'effraie le plus, dit Neil à Wayne, c'est de penser qu'on peut briser la vie de quelqu'un sans s'en rendre compte. Ou simplement la changer. Je déteste l'idée d'un tel pouvoir. Je ferais une mère épouvantable.

— Tu es cinglé, répond Wayne, tu as une mère formidable, et tu te plains. J'en connais que leur mère a reniés.

— La culpabilité va de pair avec le territoire.

— Quoi ? » demande Wayne avec un sérieux absolu.

Neil ne répond pas. Il est allongé dans son siège, les yeux fermés, il rêve qu'il a grandi dans les montagnes du Colorado, dans une maison perdue dans les neiges, une neige blanche, à l'infini, sur les montagnes. Pas un endroit plat, pas un arbre ; seulement la montagne blanche. À chaque départ, il a pensé à elle, assise dans le noir, et elle fumait. Aujourd'hui, il la voit, dehors, le soir, en train de repêcher les feuilles des arbres dans la piscine.

« Je voudrais avoir un chien », dit Neil.

Wayne rit : « En ville ? Il ne pourrait pas respirer ! »

Le ronronnement de l'avion agit comme une drogue, un narcotique. « Je veux rester longtemps avec toi, dit Neil.

— Je sais. » Tout doucement, Wayne prend sa main.

« Il va faire chaud là-bas aussi. Tu sais, je ne suis pas en train de penser à ma mère.

— Ne t'inquiète pas. »

Un instant Neil se demande ce que l'hôtesse va penser, ou la vieille dame qui va aux toilettes, puis il rit et se détend.

Plus tard l'avion tourne lentement au-dessus de New York City, à bord, deux hommes se tiennent par la main, les yeux clos, ils respirent d'un même souffle.

Le décompte des mois

Mrs. Harrington était assise dans la salle d'attente du service de cancérologie, elle pensait au poulet du dîner, quand l'idée la frappa de plein fouet. Comme un coup de poing dans l'estomac, qui lui fit chercher de l'air en hoquetant. Tout à coup la salle d'attente se mit à tourner comme un maelström ; infirmières, porte-revues, patients tourbillonnaient cul par-dessus tête comme le linge dans une machine à laver. Les visages grandissaient puis rapetissaient jusqu'à devenir méconnaissables. Elle sentit vaguement glisser de ses mains et tomber à terre le magazine qu'elle lisait.

Puis cela s'arrêta.

« Madame, demanda sa voisine, madame, ça va ? » En posant la question elle tenait à la main le magazine que Mrs. Harrington avait laissé tomber ; c'était *Family Circle*. « Vous avez laissé tomber ça, ajouta-t-elle.

— Merci », répondit Mrs. Harrington. Elle prit le magazine, alla vers l'aquarium et se laissa tomber sur un canapé confortable. On avait encastré l'aquarium dans la cloison qui séparait deux salles d'attente de façon telle qu'on pouvait le regarder aussi bien de l'une que de l'autre pièce. Des guppys femelles, pleines, leur poche d'œufs visible à travers la peau transparente, venaient tourner en rond devant le visage immensément déformé de la personne qui les regardait depuis l'autre salle d'attente. Un ange de mer, près du fond, restait immobile, dans le coin, à côté du scaphandrier en plastique.

La respiration de Mrs. Harrington faisait de la buée sur la vitre de l'aquarium.

La pensée lui était venue comme la peste fond sur une ville innocente. Elle lisait une réclame pour « Shake 'n Bake », en réfléchissant au poulet à cuire qu'elle avait au réfrigérateur, et elle se demandait si elle n'allait pas plutôt le faire rôtir; elle était tendue. Elle commença à méditer sur la date, le 17 décembre : qui était né un 17 décembre ? Quel événement historique s'était jamais produit un 17 décembre ?

Alors, par un cheminement impossible à repérer, cette date – le 17 décembre – l'emplit tout entière de l'horreur du souvenir et de la mort. Car cette date était celle-là même où elle aurait dû être morte.

Elle entendit une infirmière appeler « Mrs. Harrington ». Elle répondit « oui », se leva et marcha vers le long corridor tout au long duquel s'ouvrent les cabinets secrets des médecins et les salles d'examen. Elle avançait avec une crainte nouvelle des appareils qu'elle pouvait entrevoir par une porte laissée ouverte.

C'était un interne qui lui avait dit « six mois ».

Puis le Dr Sanchez s'était dressé devant elle et, plus expérimenté, avait déclaré : « C'est de la présomption juvénile. Naturellement, on ne peut fixer de calendrier dans ces matières. Nous allons faire tout ce que nous pourrons pour vous, Anna. Nous allons faire tout ce qui est humainement possible. Il se peut que vous viviez longtemps, une vie entière. »

Mais la date s'était inscrite sur son calendrier mental : six mois. Six mois et on serait le 17 décembre, et voici qu'on y était. Et elle était là, toujours en vie, elle avait presque oublié qu'elle allait mourir.

Elle se dévêtit rapidement, passa la chemise de papier pour les examens et s'allongea sur la table froide. Rien n'est changé, se dit-elle. Rôtir le poulet.

Poulet pour dîner. Invitation chez les Laurans ce soir. Rien n'est changé.

Et puis une vague d'horreur la submergea de nouveau. Six mois plus tôt elle s'était faite à l'idée d'être morte à cette date-ci ; que ses enfants se préparent à une nouvelle maison. Mais ç'avait été long à passer.

Les choses traînaient. Rayons, bientôt la chimiothérapie, tous les moyens normaux pour retarder l'échéance. Elle perdait pas mal de cheveux, mais au centre de traitement par rayons, une dame pleine de ressources lui avait indiqué un coiffeur spécialisé dans des cas comme le sien, et qui par une coupe appropriée rendait la chute invisible. Les choses traînaient. Elle faisait à manger pour ses enfants.

Elle était allée à une réunion d'un groupe de thérapie où on lui avait dit de faire sortir d'elle ses pulsions agressives, en criant et en frappant sur un oreiller à coups de marteau. Elle n'y était pas retournée.

« Bonsoir, Anna », dit le Dr Sanchez en entrant, et il s'assit au pied de la table. Il sentait le cigare qu'on vient d'écraser, et le cuir. « Comment ça va ? »

De toute évidence, il ne se rappelait pas le 17 décembre.

« Bien. »

Comme si elle ne s'en apercevait pas, il commença à palper ses cuisses à la recherche de grosseurs.

« Et les enfants ? demanda-t-il.

— Bien.

— On me dit que vous vous sentez bien.

— Oui.

— Et vous n'avez pas trouvé les séances de rayons trop éprouvantes ?

— Non, pas trop.

— Eh bien, pour être honnête, quand vous commencerez la chimiothérapie en janvier, ça sera moins brillant. Vous allez probablement perdre pas mal de poids et de cheveux. Vous sentir pendant un temps comme avec une mauvaise grippe.

— Je peux me permettre de perdre quelques kilos.

— Voyons, qu'est-ce que c'est que ça ? dit le Dr Sanchez, le doigt sur une nouvelle grosseur.

— Oh ! vous savez, ça va ça vient, répondit Mrs. Harrington en se retournant, celle que j'avais dans le dos a complètement disparu.

— Hum… hum… fit-il en appuyant entre ses fesses, et celle qui vous comprimait le rein, est-ce qu'elle vous a fait souffrir ?

— Pas du tout.

— Bon, très bien. »

Il resta silencieux. À chaque réponse il exprimait son approbation par un grognement mais depuis longtemps Mrs. Harrington avait compris que plutôt qu'indiquer une quelconque amélioration de son état, ces bruits montraient simplement que la maladie suivait l'évolution prévue. Elle restait là, étendue. Cela ne la gênait plus, il connaissait son corps centimètre par centimètre. Même si, en certains points, elle préférait vérifier avant de venir. Elle faisait toujours très attention à être parfaitement nette.

« Eh bien », dit le Dr Sanchez en enlevant ses gants de plastique et en les jetant à la poubelle, « on dirait que vous allez bien, Anna. »

Bien. Qu'est-ce que ça voulait dire ? Qu'est-ce qui allait bien, elle ou la maladie ?

« J'imagine que ça suit son cours, non ?

— Pour parler franchement, Anna, je trouve admirable la façon dont vous prenez les choses en main. J'ai eu des patients qui ont démissionné, se sont réfugiés dans la dépression. La majorité d'entre eux finissent à l'hôpital. Mais vous, vous continuez de mener une vie active. Toujours à l'Association des parents d'élèves ? Vous faites toujours des concours de cuisine ? Je n'oublierai jamais les extraordinaires brownies que vous avez apportés, les infirmières en ont parlé pendant une semaine.

— Merci, docteur. » Il ne savait pas. Pas plus que la femme qui frappait l'oreiller à coups de marteau. Tous ces mois où elle était restée si « active », tout à coup, lui paraissaient un mensonge. Il fallait mentir pour rester vivant jusqu'à la mort, sans ça, c'était un résidu de vie qui mourait.

En s'habillant, elle se demandait si elle serait jamais capable de dormir à nouveau, ou si ce serait comme au début où elle allait se coucher avec la crainte de ne jamais se réveiller, où elle se réveillait sans être sûre d'être vraiment en vie.

Couchée, là-bas, dans sa chemise de nuit en coton, la mentonnière bien en place (pour s'empêcher de grincer des dents), cherchant des yeux les fissures familières du plafond, avec les doigts qui pinçaient ce qu'ils pouvaient trouver de chair, comme si la douleur était une preuve de vie.

Il lui avait fallu des mois pour apprendre à s'endormir de nouveau tranquillement.

Maintenant elle s'entendait bien avec le personnel de la réception. Elle était restée un temps à l'écart. Il y en avait une qu'elle connaissait, Libby, une standardiste. Elle lui fit un signe de la main, d'un bout à l'autre de la salle d'attente. Il y eut ensuite l'homme au pansement autour de la tête. Une jeune femme, sans doute une de ses filles, devait l'accompagner. Elle remarqua un homme âgé avec un goitre au cou, en tout cas quelque chose qui ressemblait à un goitre, qui, dans un coin, regardait un poisson.

« Bonsoir », dit-elle aux infirmières en nouant son foulard autour de sa tête. Il y avait des Pères Noël collés aux murs ; dans un coin, un petit sapin brillait, minable. Sortie de la salle d'attente, elle vit devant elle le couloir falot et jaunâtre de l'hôpital qui s'étirait jusqu'à la porte à tambour. Mrs. Harrington poussa le panneau vitré et une bouffée d'air frais entra du dehors. Elle repoussa le panneau, heureuse de se retrouver à l'extérieur, il lui sembla que le vent froid et fort la culbutait vers la vie et balayait la couche de fatigue qui s'était posée sur ses paupières depuis qu'elle était à l'intérieur. Il faisait froid, très froid. En marchant, de ses petits talons elle faisait éclater en paillettes de cristal la glace des flaques gelées. Il bruinait. C'était l'hiver californien. Elle tira son foulard sous son menton et, d'un pas vif, gagna sa voiture, grande et forte femme, yacht de luxe dans un port.

La voiture était froide. Elle mit en marche le chauffage et la radio. La voix familière du speaker local arrivait filtrée dans l'habitacle capitonné, pénétrante comme la chaleur lourde du chauffage. La pluie battait sur le toit. Tout doucement elle fuyait l'hôpital et rejoignait la circulation normale. Elle vit les magasins éclairés, des clients du soir qui se dépêchaient de rentrer chez eux pour dîner. Elle eut envie d'être comme eux, de pousser encore une fois son Caddie dans les travées d'un supermarché. Elle se gara dans le parking du « Lucky ».

Dans le supermarché, l'air était frais et agréable, ça sentait la tourbe, le gazon mouillé et la salade. Un gazouillis de petites voix aiguës annonçait au public :

Nos joues sont rouges et roses,
Et bien à l'aise on nous pose ;
Toutes ensemble nous sommes blotties
Comme des oiseaux d'un même nid.

Mrs. Harrington s'émerveillait des couleurs brillantes et variées qu'avaient les emballages et les produits alimentaires, comme si jamais auparavant elle ne les avait remarquées. Elle retourna les pommes, jusqu'à en trouver une dont la fermeté garantissait la fraîcheur ; elle examina les têtes de salade. Elle acheta des spaghetti « Os » pour son plus jeune fils, de la sauce et des Sugar Pops. Une petite famille passa devant elle, poussant un Caddie, joyeuse, le bébé heureux d'être coincé sur le petit siège au-dessus des achats, le derrière sur la plaquette en plastique rouge, les petites jambes tendues à travers les tiges métalliques. Elle oubliait.

Une femme âgée faisait la queue à la caisse « Moins de neuf articles ». Elle portait une vareuse d'homme usée. Elle acheta un sac de bonbons acidulés avec soixante-dix-huit *cents* en piécettes de un *cent*, puis elle sortit par la porte automatique. « Y en a d'bizarres », dit le jeune caissier à Mrs. Harrington. Il avait les cheveux roux, beaucoup d'acné ; il lui rappelait son aîné.

De retour à la voiture, elle se répète : « Essaie d'oublier. Rien n'a changé depuis hier. Tu étais heureuse hier. Tu n'y pensais pas hier. Tu n'as pas du tout changé. » Et pourtant si. Il y avait une différence qui grandissait au fond d'elle, qui passait par les ganglions lymphatiques, qui s'élançait à la découverte de son organisme.

Tout se passait en elle. À la séance du groupe de thérapie, une femme avait dit : « Le cancer, je crois, c'est quand on est trop vivant. L'organisme continue à pousser sans pouvoir se contrôler. Au lieu d'une tumeur obscure, étrangère à mon corps, qui me tuerait de l'intérieur, je meurs d'être trop vivante, d'avoir été trop vivante. Est-ce que ça ne vaut pas mieux ? », et tout le monde avait acquiescé.

N'est-ce pas plutôt le corps qui se détruit lui-même, du dedans ? pensait Mrs. Harrington.

Elle était arrêtée au feu rouge. « Si le feu change avant que je compte jusqu'à cinq, je redeviendrai normale. Un. Deux. Trois. Quatre. Cinq. »

Le feu passa au vert.

Peut-être que si j'avais dit six, pensa-t-elle, ça aurait voulu dire dix ans de plus. Dix ans !

Dès son arrivée, Mrs. Harrington courut à la cuisine. Son fils Roy regardait « Speed Racer » à la télé. Il avait quatorze ans. Elle entendit en arrière-fond de la musique, très forte. Jennifer écoutait Blondie : *Dreaming,*

dreaming is free. Puis son cadet, Ernest, qui imitait le bruit d'un avion. Elle fut reconnaissante pour le bruit, et pour le bonheur que c'était de les calmer par son arrivée.

« Qu'est-ce qu'on mange ce soir ? demanda Roy.

— Rien, répondit Mrs. Harrington, sauf si Jennifer nettoie ce qu'elle a promis de nettoyer. Jennifer !

— M'man, dit Ernest en atterrissant dans la cuisine, il y a du monde ce soir, hein ? Timmy va venir, hein ?

— Oui », répondit-elle. C'était son petit dernier. Il avait encore du coton dans les narines parce qu'il avait saigné du nez.

Sa fille fit son entrée, en suçant un Starburst. Elle portait un corsage rose que Mrs. Harrington n'aimait guère. « Comment ça s'est passé ? » demanda-t-elle tout en commençant à récurer les casseroles.

— Bien.

— Qu'est-ce qu'on mange, ce soir ? redemanda Roy.

— Du poulet. Du poulet rôti.

— Encore ?

— Oui », répondit-elle en se rappelant les jours précédents où un poulet n'avait pas d'importance. Ces jours recevaient tout à coup une sorte de splendeur, de chaleur, égales à celles de Noël, eux quatre ensemble, à table, innocents, dans la lumière.

« Je peux faire des nouilles ? demanda Roy.

— Des nouilles ! cria Ernest.

— Si c'est toi qui les fais », répondit Jennifer.

Roy bomba le torse, comme dans une parodie : « Je vais les faire, je vais les faire. Dans un instant », et les garçons quittèrent la pièce.

« Papa a appelé, annonça Jennifer.

— Il était chez lui ?

— Sandy et lui sont à Missoula, Montana.

— Ah ! Un jour à Trinidad, le lendemain à Missoula, Montana.

— Il a demandé comment tu allais.

— Et que lui as-tu répondu ?

— La vérité.
— Qu'est-ce que c'est, la vérité ?
— Bien.
— Ah!...» Mrs. Harrington fit fondre du beurre dans une petite casserole, pour dorer le poulet.
« Est-ce que la fête ce soir te fait plaisir ? demanda-t-elle.
— Oui, du moment qu'il y a des gens de mon âge. »

À certains moments cela lui revenait et il lui fallait se cramponner pour ne pas s'évanouir. Ainsi, quand elle s'assit aux toilettes, dans son peignoir vert, au milieu des plantes, avec son collant et sa culotte autour des genoux. Tout à coup l'horreur la submergea de nouveau, parce que ces six derniers mois la maladie avait rendu si pénible la simple action d'aller à la selle – comme quelque chose qui aurait combattu la poussée de son intestin.

Elle attrapa les bords du siège. Poussa. Elle essaya de s'imaginer prise dans les glaces, gelée, entourée d'un froid glacial, et l'intérieur de son corps seulement engourdi.

Mais alors elle vit l'armoire de toilette, avec les rangées de pilules, la boîte de la poire à lavement, la mentonnière pour s'empêcher de grincer des dents (ajustée à sa bouche comme un mouchoir dont on l'aurait bâillonnée pour la violer) – et tout lui revint, tout.

Roy retournait les nouilles, avec le beurre et le fromage, Jennifer découpait le poulet. Une bonne odeur de rôti bien parfumé d'assaisonnements flottait dans la cuisine.

« Niffer, il y a encore du fromage ?
— Regarde dans le placard.
— Si j'arrive à l'attraper, je te le passe », dit Ernest.
Leur mère entra : « On dirait que tout est en bonne voie.
— J'ai mis du paprika sur le poulet, dit Jennifer.
— J'ai aidé pour le dessert, proclama Ernest.

— C'est vrai, il m'a aidée pour le mixer. »

Mrs. Harrington mit la table, disposa les couverts familiers en inox. Il y avait une assiette ébréchée.

« Rat Tart », dit Roy d'une voix suraiguë pour imiter une voix de femme. Il racontait à sa sœur quelque chose qu'il avait vu à la télévision. Elle riait tout en tournant la salade. Ernest se roulait par terre en hoquetant comme si on l'avait chatouillé, Mrs. Harrington sourit.

Ils s'assirent à table.

Les plats circulaient – les nouilles, la salade, le poulet. Chacun mangea en silence un moment, à grandes bouchées. « Mangez plus doucement », dit Mrs. Harrington.

Elle se demandait où ils auraient été ce soir si en effet elle était morte. Après tout, dans les premières semaines, frénétiques, elle avait fait des plans en prévision de cette éventualité. Elle savait Roy et Jennifer assez grands pour se débrouiller tout seuls. Mais son cœur saignait pour Ernest ; elle l'avait allaité plus longtemps que les autres, c'était un tard-venu, né après le divorce ; petit Ernest – beaucoup de rhumes et peu d'amis, pleurnichard et rapporteur, et même, lui avait dit une fois un maître, chapardeur. Il était assis en face d'elle, innocent, avec une nouille qui lui pendait de la bouche.

« Je me demande si Greg Laurans sera là, dit Jennifer.

— Pourquoi ? tu l'aimes ? demanda Roy en clignant de l'œil.

— Va te faire voir ! Il est très occupé ! » Jennifer tendit la main pour remettre dans le plat un foie de poulet qu'elle avait pris par erreur. « Il dirige un groupe de chant à l'hôpital dans le cadre de l'Aide à l'enfance handicapée.

— Attention à lui, Jennifer, dit Mrs. Harrington, c'est juste une nouvelle tocade. L'an dernier il volait des voitures.

— Mais il a tout recommencé de zéro ! » dit Ernest d'une voix forte. Il parlait toujours d'une voix forte.

« Parle plus bas.

— Il s'est corrigé, ajouta Jennifer, mais de toute façon, il ne sera pas là. D'après ce que Gail m'a dit, ses parents ne lui adressent plus la parole. »

Mrs. Harrington n'en faisait pas reproche aux Laurans. C'étaient de bons juifs, qui donnaient à l'Union des Juifs américains une part importante de leurs revenus. Certes Jennifer passait des disques très fort et avait des notes faibles, certes Roy avait une vilaine acné, ne se lavait pas assez et fumait beaucoup de marijuana, mais en comparaison de Greg Laurans, c'étaient des enfants équilibrés, affectueux, qui savaient ce qu'ils voulaient et échappaient à la folie du monde.

Jennifer et Roy étaient tous deux au courant pour la maladie, même si bien sûr elle n'avait pas trouvé la force de leur dire « six mois » et qu'ils n'eussent jamais parlé d'échéance. Elle imaginait pourtant qu'ils imaginaient ce qu'elle-même imaginait. Le Dr Sanchez lui avait dit : « Si vous êtes vivante dans deux ans, ce ne sera pas un miracle, mais si vous ne l'êtes pas, on ne pourra pas dire que ce soit tout à fait inattendu. »

Ernest, lui, n'était au courant de rien. Il n'était pas assez âgé, il n'aurait pas été capable de comprendre. Ce serait assez dur comme ça, avait-elle pensé, quand elle ne serait plus là ; au moins pendant que c'est possible, laissons-le vivre dans l'illusion heureuse qu'elle serait toujours à ses côtés.

Mais ce soir, Mrs. Harrington regarda son fils pardessus la table et le raisonnement qui l'avait aidée à tenir bon ces six derniers mois lui parut faux, pervers. À la façon dont allaient les choses, si elle venait à mourir, ce serait pour lui une surprise totale. Qui risquait de le détruire, d'en faire un Greg Laurans. Elle percevait déjà des indices qui l'effrayaient.

Elle sut qu'elle devrait lui parler sans trop attendre. Elle aurait à lui expliquer la mort d'une façon telle que son esprit de sept ans puisse comprendre.

Car elle remettait tout en question à la lumière de son expérience nouvelle. Pendant tous ces tristes mois où aussi bien les docteurs qu'elle-même avaient cessé de penser au fait qu'elle allait mourir, elle était devenue trop complaisante, elle n'avait pas assez préparé ce qui resterait après elle. Mourir. Le mot lui cognait sur le crâne et ricochait dessus aussitôt. Elle savait que bientôt, en commençant la chimiothérapie, elle maigrirait et qu'elle perdrait ses cheveux en grande quantité. Elle se voyait déjà quelques mois, ou peut-être même quelques semaines plus tard, tellement différente, avec les os saillant à travers la peau, les cheveux par touffes comme les plaques d'herbe dans le désert. Elle s'attendait à une grande lassitude, car elle serait lucide, férocement lucide, et bien que semblable à un cadavre elle vivrait en prévision du jour où elle recouvrerait la santé. Ses amis viendraient la voir, effrayés, ils auraient besoin qu'on les rassure. Ils diraient : « Tu as l'air si fatiguée, Anna. » Alors il lui faudrait leur expliquer : « Ce sont les rayons, les médicaments, tout ce qui me soigne. » Et quand ils l'assailleraient en la suppliant d'apporter la dernière touche à cette lueur d'espoir si tentante afin de pouvoir la quitter sans inquiétude ni crainte pour eux-mêmes, il faudrait qu'elle modère leurs exigences en les cantonnant dans un désespoir moyen ; même si elle allait mieux, elle serait probablement morte avant Noël.

Morte avant Noël ; elle se demandait si ses enfants soupçonnaient que ce serait son dernier Noël. Puis Jennifer irait à l'université, Roy et Ernest chez sa sœur dans l'État de Washington (son ex-mari essaierait probablement d'en obtenir la garde, mais elle s'était assurée qu'il ne l'aurait en aucun cas ; c'était au moins un point d'acquis).

Maintenant elle regardait ses enfants. Ils mangeaient, bavardaient entre deux bouchées. Seigneur, pensa-t-elle, que vont-ils devenir sans moi ? Si elle était morte aujourd'hui, ils seraient probablement en train de manger dans la cuisine d'amis comme les Laurans ou les Lewiston – sous le choc et sans croire vraiment qu'elle n'était plus. Il y aurait quelque chose d'étranger dans l'odeur de la cuisine, la cuisine de quelqu'un d'autre, une autre façon de préparer la sauce pour les spaghetti. À la maison, son lit, pas fait, ses habits, son odeur dans le placard, encore, dans le lit ; cela s'attarderait quelques jours, puis disparaîtrait du monde pour toujours. Ernest ne tarderait pas à l'appeler en pleurant, et des bras étrangers le prendraient. Elle ne pourrait plus rien faire. Elle ne serait plus.

Ils ne remarquèrent rien de changé. Ils étaient heureux de manger ensemble, de discuter, à l'étroit dans la cuisine pleine de vapeur et d'odeur de beurre.

« Passe-moi les nouilles, dit Mrs. Harrington.

— M'man, tu ne manges jamais de nouilles. »

Elle passa une ample robe sombre avec un motif indien cousu – un cadeau de Jennifer pour son anniversaire. Devant elle, s'étalait toute une vie d'objets : lit, télévision, et tant de boîtes de spaghetti Os pour Ernest. De nouveaux produits chez l'épicier. Les réclames pour sudisettes à prix réduit, dans le guide télé.

« M'man, allons-y, on va être en retard, brailla Ernest.

— Ernie, regardons les Flintstones », dit Jennifer pour aider sa mère. Elle essayait de l'aider.

« Ernie est habillé ? demanda Mrs. Harrington.

— Oui, ça y est. »

Mais quand elle parut, toute douce et parfumée, Ernest ne voulait plus partir. « Dino s'est échappé, dit-il.

— Il faut partir, Ern, lui dit Jennifer, tu n'as pas envie d'aller chez les Laurans ? Tu n'as pas envie de voir Timmy ? »

Ernest commença à pleurer. « Je veux regarder la télé, dit-il d'une toute petite voix.

— Tous tes amis seront là, lui glissa Mrs. Harrington pour le consoler.

— Ah ! merde ! dit Roy, pourquoi est-ce que vous le traitez comme un bébé quand il fait des caprices ? Tu es un vrai bébé, lança-t-il à son frère.

— Non, je ne suis pas un bébé.

— Les bébés, ça pleure parce que ça peut pas voir la télé quand à la place on va à la fête. Tu es un vrai bébé. »

Les larmes d'Ernest redoublèrent.

« Eh bien, c'est réussi », dit Jennifer.

Une demi-heure plus tard, Dino était en sécurité chez lui, et la famille Harrington sur le départ. Les pleurs séchés. « Content maintenant ? » demanda Mrs. Harrington.

Jennifer et Ernest montèrent derrière. Il dit : « J'espère que Timmy sera là.

— Je peux conduire ? demanda Roy.

— Pas ce soir, j'aurais peur, répondit Mrs. Harrington.

— Au moins on peut écouter K.F.R.C. ?

— Ouais ! peut-être qu'ils vont passer Police ! cria Ernest, plein d'entrain.

— Oui, bien sûr, répondit Mrs. Harrington.

— Tu es de bonne humeur ce soir », remarqua Roy tout en tournant les boutons de la radio pour trouver le poste qu'il voulait.

La voiture sortit de l'allée. L'habitacle, sombre et chaud, s'emplit d'une musique forte et triste :

Qu'est-ce qui t'oblige à me briser le cœur,
Tout ce que tu voulais que je sois, je l'étais…

Roy marquait le rythme sur le tableau de bord. Il avait une drôle d'allure avec sa chemise orange et sa cravate verte – les cheveux longs débordant sur le col de son veston en velours côtelé – comme s'il n'était pas fait pour s'habiller ainsi, et qu'il avait juste adapté à sa façon d'être habituelle les éléments de l'uniforme mâle standard.

Ô combien elle savourait ces instants : ses enfants autour d'elle. Ce qui l'émerveillait, c'était de les avoir faits. Ils n'auraient pas été ce qu'ils étaient, ils n'auraient pas existé du tout s'ils n'étaient pas nés d'elle. Mis à part quelques pulls, et un grand macramé qui pendait au mur, ils étaient les seules œuvres d'art de son existence. Elle était fière d'eux, et pleine de crainte.

Ils prirent une route sombre qui tournait dans les collines. Depuis la grande baie vitrée des Laurans, la maison des Harrington n'était que l'une des milliers de lumières qui s'étiraient, éparpillées tout au long de la baie, miroitantes comme une robe à paillettes.

Les Laurans l'avaient présentée à une femme qui s'occupait de soigner par l'esprit. « Méditez sur votre cancer, avait dit cette femme, imaginez-le, visualisez-le à l'intérieur de vous-même. Puis imaginez qu'il se refroidit. Imaginez que les tumeurs gèlent, sont en train de mourir de froid. Le vent les fait s'effriter jusqu'à ce qu'elles disparaissent. »

« Oh ! dit Mrs. Harrington, accablée de nouveau.

— M'man, qu'est-ce qui ne va pas ? » lui demanda Roy. Dans l'obscurité de la voiture, la préoccupation semblait éclairer son visage. Elle ne put lui jeter qu'un coup d'œil, car la route tournait trop pour qu'elle ait le temps de le regarder vraiment.

« Rien. Je suis désolée. Seulement un peu pensive ce soir, c'est tout. »

Mais dans sa tête, elle voyait les poils sur les mains du Dr Sanchez.

La fête battait son plein quand ils arrivèrent. D'un bout à l'autre du living-room tapissé de moquette des Laurans, on entendait les verres tinter dans le bourdonnement continu des conversations. Ernest se cramponnait à la main de Mrs. Harrington.

Elle perdit immédiatement Jennifer et Roy, ils se fondirent dans la foule à la recherche de leurs amis. Ils étaient indépendants, se déplaçaient parmi les invités qui leur disaient bonsoir et leur demandaient leurs projets. Ils souriaient. C'étaient de bons enfants, qui avaient hâte de retrouver leurs amis.

« Hé ! Harrington ! » entendit-elle appeler d'une voix rocailleuse d'adolescent, et Roy disparut. De même Jennifer, qui avait rejoint un groupe d'âge universitaire – autour d'un garçon qui revenait juste de Princeton.

Les Lewiston, amis de Mrs. Harrington, furent les premiers à la saluer. Mr. Lewiston avait enseigné à l'école de droit avec l'ex-mari de Mrs. Harrington, et ils étaient restés liés.

« Comment ça va, Anna ?

— Comment vont les enfants ?

— Vous savez bien, si vous avez besoin de quoi que ce soit… »

Elle désigna Ernest du regard, pour dire n'en parlons pas… Ernest, qui n'écoutait pas, demanda : « Où est Timmy ?

— Timmy, Kevin et Danielle sont dans la salle de jeux, répondit Mrs. Lewiston, tu veux les rejoindre ?

— Kevin ! » Ernest se tourna vers sa mère, la bouche et les yeux tout tremblants. Il avait le menton rougi à force de baver. Il commença à pleurer.

« Ernie, mon petit, qu'est-ce qui se passe ? » demanda Mrs. Harrington en le prenant dans ses bras et en le serrant contre elle, bien fort.

« Je n'aime pas Kevin, dit Ernest avec des sanglots, il n'est pas gentil avec moi. »

Kevin était le petit Lewiston. Bébé, il avait posé pour des publicités.

Et les Lewiston regardaient Mrs. Harrington avec un vague effroi.

« Et quand est-ce qu'il a été méchant avec toi ? demanda celle-ci.

— L'autre jour dans le bus. Il a jeté, hum, jeté, il a pris mon pique-nique et il me l'a jeté dessus et ça s'est cassé. Mon thermos. »

Mrs. Harrington regarda un instant les Lewiston d'un air accusateur, qui se mua en expression étonnée.

« C'est vrai qu'il est arrivé l'autre jour avec son thermos cassé. Ernest, tu m'avais dit que tu l'avais laissé tomber.

— Kevin m'avait dit de ne pas le dire – il m'a dit qu'il me battrait si...

— Anna, je vous en prie, comment pouvez-vous – comment pouvez-vous penser... » Mrs. Lewiston ne put achever sa phrase. « Je vais chercher Kevin, votre fils l'accuse de quelque chose qu'il n'a jamais fait. »

Elle sortit en courant dans la direction de la salle de jeux.

« Anna, vous êtes sûre qu'Ernest n'est pas en train d'inventer tout ça ? demanda Mr. Lewiston.

— Vous l'accusez de mentir ?

— Allons, nous sommes des adultes. Gardons notre sang-froid. Il y a une explication à tout cela, j'en suis sûr. » Mr. Lewiston prit son mouchoir et s'épongea le front.

Ernest était toujours en train de pleurer quand Mrs. Lewiston revint, remorquant Kevin par le bras.

Ernest gémit. Mrs. Laurans arriva pour voir ce qui causait une telle émotion. Elle fit passer les deux familles dans sa chambre à coucher pour ramener le calme.

« Kevin », commença Mr. Lewiston, en asseyant son fils sur une pyramide de quarante ou cinquante manteaux empilés sur le lit, « Ernest t'a accusé d'avoir fait quelque chose de très mal – il dit que tu as pris son pique-nique et que tu l'as frappé avec. C'est vrai ? Ne me raconte pas d'histoires.

— Bill, comment peux-tu lui parler sur ce ton ? dit Mrs. Lewiston, les larmes aux yeux, jamais cela ne t'arrive. »

Kevin, un joli petit garçon élégant, commença à pleurer. Les grandes personnes se tenaient près de leurs enfants, qui sanglotaient.

« Ô mon Dieu ! » dit Mrs. Harrington. Elle eut un petit rire.

Mrs. Lewiston suivit son exemple et rit, elle aussi. La tension se relâcha.

Mais Mr. Lewiston, honteux d'avoir rudoyé son fils, l'avait pris dans ses bras et lui demandait pardon.

Mrs. Harrington savait ce que c'était. Elle savait aussi qu'Ernest avait déjà menti. Elle l'emmena dans un coin.

« Tu as inventé toute cette histoire, Ernest, non ?

— Non.

— Dis la vérité.

— Je ne l'ai pas inventée.

— Kevin dit que si, fit Mrs. Harrington avec une douceur infinie.

— Ce n'est pas vrai.

— À moi, on ne me raconte pas d'histoires, jeune homme, dit-elle d'une voix devenue sévère, allons, je veux la vérité. »

Le visage grave, elle lui prit le menton pour le forcer à la regarder dans les yeux ; elle était à genoux. Un temps il la regarda comme s'il allait encore une fois éclater en gros sanglots. Puis il changea d'avis.

« Bon, d'accord, il ne me l'a pas jeté dessus, mais il me l'a pris.

— Je le lui ai rendu, cria Kevin, je te l'ai renvoyé à toi, et tu l'as manqué, et le thermos s'est cassé.

— Ah ! firent les parents d'une seule voix.

— Ainsi deux parties interprètent chacune à sa façon le même incident. Ça arrive tous les jours au tribunal. Je fais cours là-dessus », dit Mr. Lewiston, et tout le monde se mit à rire.

« Et maintenant, Mrs. Harrington, je crois que ces deux jeunes gens se doivent des excuses, n'est-ce pas ? Kevin pour avoir pris le pique-nique d'Ernest, et Ernest pour avoir dit qu'il le lui avait lancé.

— Allons, les garçons, dit Mrs. Harrington, serrez-vous la main et réconciliez-vous. »

Les enfants se regardaient un peu de travers.

« Allons, dit Mr. Lewiston, sois un vrai cow-boy, mon gars. »

Kevin, comme un vrai cow-boy, tendit crânement la main. Docile comme un mouton, Ernest la prit. Il y eut une poignée de main.

« Bien, bien, dit Mrs. Lewiston, et maintenant vous ne voulez pas aller jouer tous les deux avec Timmy et Danielle ?

— O.K. » dit Kevin, et tous les deux sortirent au galop.

« Et nous, ajouta Mr. Lewiston, allons boire un coup. »

Les adultes sortirent de la chambre à coucher et se frayèrent un passage dans la foule. Chacun d'eux était soulagé de ne pas avoir eu à affronter l'éventualité qu'un de ses enfants ait consciemment mal agi. Pourtant Mrs. Harrington devait convenir que, des deux, Ernest se révélait le plus puéril, le moins vif. Kevin Lewiston était actif, séduisant, il avait du caractère, il prenait les boîtes à pique-nique, mais il les rendait, il irait loin dans la vie. Ernest pleurnichait tout le temps, se faisait plus d'ennemis que d'amis, était rancunier.

Des petits enfants, sur leur trente et un, couraient entre les jambes des grandes personnes. Mrs. Harrington, séparée des Lewiston par une petite fille de trois ans qui passait en trombe, se retrouva devant un plat de foie haché, à moitié vide.

Un trio de femmes dont elle ne se rappelait pas les noms la salua, mais elles ne se souvenaient pas non plus du sien, donc tout allait bien. Il se révéla que l'une d'elles était la mère du garçon qui revenait de Princeton. « Charlie a travaillé tout l'été dernier dans les bureaux d'un sénateur », dit-elle aux autres femmes qui se montrèrent impressionnées.

« Et que va faire votre fille l'été prochain ? demanda-t-elle à Mrs. Harrington.

— Oh ! sans doute la même chose que l'été dernier, travailler dans un Kentucky Fried Chicken. » Ou peut-être vivre dans une autre ville.

Ces dames eurent un murmure approbateur. Et, alors qu'elle regardait par-dessus leurs têtes pour voir si un de ses enfants était à portée de voix, Mrs. Harrington aperçut quelqu'un à qui elle n'avait aucune envie de parler.

« Excusez-moi », dit-elle à ces dames en toute hâte ; mais il était déjà trop tard.

« Anna ! »

Joan Lensky l'avait vue ; elle n'y couperait pas. Les cheveux noirs bien tirés en chignon, habillée de noir (comme toujours), Joan Lensky s'approchait pour la saluer.

« Anna, ma chérie », dit-elle en agrippant la main de Mrs. Harrington de ses doigts maigres, « je suis si heureuse de voir que tu peux sortir.

— Eh oui ! je ne me sens pas mal du tout, Joan.

— Ça fait si longtemps. Tu te sens vraiment bien ? Causons un peu ; viens, il y a un coin tranquille par ici pour bavarder à l'aise. »

Mrs. Harrington fut entraînée, malgré elle, loin de la foule, dans une pièce vide. Ça ne lui faisait guère plaisir de parler avec Joan Lensky ; les détails de leur histoire – à première vue en tout cas – se ressemblaient trop. Jusqu'au seuil de la tombe, le mari de Joan avait eu la réputation de faire des avances à ses étudiantes, et si souvent, si maladroitement, que son donjuanisme était devenu un sujet de plaisanteries dans les thés des épouses d'universitaires.

Le mari de Mrs. Harrington s'était montré plus entier ; il l'avait quittée d'un coup pour une étudiante en droit, nettement, et il avait démissionné, était parti avec elle en Italie. Ensuite, Mrs. Harrington avait cessé d'assister aux thés des épouses, bien que la plupart d'entre elles lui soient restées fermement loyales – aucune plus que Joan, qui l'avait élue pour confidente, elle, Mrs. Harrington, l'épouse bafouée. De voir clairement combien elle connaissait Joan plus que Joan ne se connaissait elle-même rendait Mrs. Harrington un peu nerveuse – Joan, ses caniches noirs, sa cuisine impeccable. Et malgré tout, elle s'était accommodée de cette amitié fatigante pendant des années, essentiellement parce qu'elle se sentait pleine de compassion pour cette vieille femme qui semblait avoir tellement besoin de la plaindre, elle, Anna. Depuis sa maladie, ses priorités avaient changé et elle ne voyait plus Joan que lorsqu'elle y était forcée.

« Alors, dis-moi, comment vas-tu ? » demanda Mrs. Lensky de sa voix rocailleuse. Elles étaient assises sur un canapé en daim, dans une sorte de petit séjour, tout près l'une de l'autre. Mrs. Harrington sentait sur son visage le souffle de Mrs. Lensky.

« Je vais bien. Je me sens bien. Les enfants sont formidables.

— Non, non, Anna, dit Mrs. Lensky avec emphase, *toi*, où en es-tu ? »

Impossible de se dérober plus longtemps.

« Bon. J'arrive au bout des rayons. C'est efficace à cinquante pour cent.

— Oh ! ma pauvre chérie ! Est-ce que c'est très douloureux ?

— Non.

— Et tes cheveux ? C'est une perruque ?

— Non, c'est une coupe spéciale. »

Mrs. Lensky leva les yeux au plafond, puis les ferma avec une intensité dramatique.

« Tu as une chance incroyable, ma chère Anna, tu ne peux pas savoir. Ma sœur a une amie qui est passée par une épreuve horrible avec les rayons. Tous ses cheveux. Elle pèse trente-cinq kilos. Horrible. Ne les laisse pas augmenter la dose. Ni cette épouvantable chimiothérapie.

— D'accord.

— Il faut absolument éviter la chimiothérapie. Je connais une femme qui en est morte. On a dit que c'était le traitement qui l'avait tuée, c'était pire que le mal. Je connais une autre femme qui a été si malade qu'il lui a fallu rester trois mois au lit. Et elle est encore d'une pâleur... Et aussi pendant les opérations, fais bien attention qu'ils ne t'oublient pas une éponge dans le ventre. »

Mrs. Harrington comptait sa respiration, elle pensa : c'est sa raison de vivre, la souffrance des autres, pour la comparer à la sienne.

« Tu as des nouvelles de Roy ? Toujours marié à cette gamine ?

— Oui. Toujours. Elle est vraiment bien. Ils sont tout à fait heureux. »

Mrs. Lensky hocha la tête. Puis elle s'approcha encore plus près comme pour la confidence suprême.

« J'ai entendu parler d'une organisation, j'ai pensé que ça t'intéresserait... Ils s'occupent de tout... avant qu'on s'en aille. Comme ça les enfants n'ont pas à s'en préoccuper. Je me suis inscrite. La cotisation n'est pas trop chère et ils prennent tout en charge, tout. »

Elle tendit à Mrs. Harrington une petite carte qu'elle avait extraite de son sac. « Il y a tout ce qu'il faut savoir », dit-elle.

À ce moment, Dieu merci, la porte s'ouvrit.

Jennifer arrivait au secours de sa mère. Pour l'aider à se sortir de là.

« M'man, il faut que je te parle.

— Excuse-moi, Joan, dit Mrs. Harrington en se levant. Nous en reparlerons. »

Elle chuchota à sa fille : « Merci d'être venue à mon secours.

— M'man, tu ne vas pas me croire. Greg Laurans est ici. Il a amené ces gens, tu sais, avec lui.

— Tu veux dire de l'Enfance handicapée ?

— Eux et d'autres. »

Dans la salle à manger, l'ensemble des invités s'étaient dispersés en petits groupes, tous occupés à *ne pas* regarder vers le living, en contrebas, à *ne pas* écouter la musique qui en montait.

Mrs. Harrington, curieuse, regarda en bas. Il y avait là, assis autour de la cheminée près du sapin de Noël, Greg et un groupe de jeunes chérubins aux cheveux courts qui portaient de petites lunettes dorées et des gilets en duvet. L'un d'eux avait une guitare, et ils chantaient :

Et elle dessine des dragons
Et les rêves deviennent réalité
Elle dessine des dragons
Pour montrer ce qu'elle ressent.

Mrs. Harrington regarda derrière elle. Mrs. Laurans était en train de plonger une olive dans un martini ; elle pensa, voilà une punition bien cruelle – et pas ordinaire.

C'est alors qu'elle remarqua les autres. Il y en avait trois. Les garçons portaient des sweaters élégants. L'un d'eux avait les cheveux blond foncé et des yeux ronds. De temps en temps la fille qui était à côté de lui lui prenait le menton entre le pouce et l'index, et elle l'essuyait avec un Kleenex. L'autre garçon était plus foncé, trapu, et apparemment il n'arrivait pas à tenir la tête levée. Toutes les cinq minutes la fille au Kleenex lui remontait le menton, alors il regardait avec curiosité autour de lui, comme un enfant devant un aquarium. À côté d'eux, il y avait une naine à la tête déformée, trop grosse, comme un œuf d'autruche avec un front qui occupait la moitié du visage en sorte que ses yeux paraissaient anormalement bas. Pourtant c'étaient des yeux vifs capables de fixer, bien plus que ceux des garçons. Dans le coin où ils étaient, tous les trois chantaient :

et eh dessi' des dagons
et wev vien wai
eh dess des dagons
pouh monte skessent.

« Ils viennent de l'hôpital, dit Jennifer à sa mère, ils n'en sortiront sans doute jamais. C'est vraiment étonnant qu'on les ait laissés sortir pour venir ici. C'est gentil, vraiment, même si pour nous c'est joliment terrifiant.

— Et pour la mère de Greg, alors », répondit Mrs. Harrington, sans partager son excitation.

Elle regardait les chanteurs en demi-cercle. Voici que certains d'entre eux fourraient des morceaux de papier et des crayons dans les mains des infirmes :

Et elle dessine des licornes
Et elle nous rend tous libres
(et eh dess' des licôhh).

« Allons, disaient les gentils jeunes gens, dessine un dagon. Dessine une licôhh.

— C'est le comble de tout », dit Mrs. Harrington à sa fille.

Elle se retourna de nouveau, mais Mrs. Laurans avait disparu. Elle alla rapidement jusqu'à sa chambre à coucher, frappa un coup et ouvrit. Ursula Laurans était couchée sur son lit, sur cinquante ou soixante manteaux, et elle pleurait.

Mrs. Harrington s'assit à côté d'elle, lui massa le dos.

« Je suis désolée, Ursie. Je suis désolée.

— Pourquoi est-ce qu'il me fait ça ? Il allait bien mieux, il venait à la synagogue. Seigneur, il était premier en physique. Bon Dieu, premier en physique. Et puis un jour, il arrive à la maison, il me dit qu'il a trouvé Jésus. Et il essaie de nous convertir, nous, ses parents. Tu ne peux pas savoir ce que ça a démoli Ted. Il a essayé de discuter avec lui. Il n'acceptait même plus la théorie de l'évolution. Un premier en physique ! Il pense que tout ce qu'il y a dans la Bible est vrai ! Et maintenant, ça !

— Je suis désolée, Ursie », répéta Mrs. Harrington. Ted Laurans entra dans la chambre. « Seigneur, dit-il à sa femme, je vais le tuer. Comment peut-il faire une chose pareille ?

— Tais-toi. Ça ne rime à rien. Tu lui en as déjà donné assez, avec tes questions à la manque. Il est au-delà des raisonnements. »

Pourquoi parlaient-ils ainsi devant elle ? Elle essaya d'être réconfortante « Oh ! Ursie... ».

Tout à coup Ursula Laurans s'élança et atterrit contre Mrs. Harrington. Elle s'effondra contre elle, comme un poids mort, pesante et glacée. D'eux-mêmes, les bras de Mrs. Harrington l'entourèrent.

Ted Laurans pleurait lui aussi. Debout, il pleurait doucement, les mains devant la figure, à la façon habituelle des hommes.

« C'est peut-être une manière d'essayer de renouer avec vous, tenta Mrs. Harrington, c'est très gentil de les amener ici. Personne d'autre n'aurait fait ça.

— Une agression, oui, c'est tout, répondit Ursula, nous avons consulté un analyste de thérapie familiale. Tout est limpide. Je n'ai pas été assez maternelle avec lui, alors il a pris le premier substitut qu'il a rencontré... »

Mrs. Harrington décida de ne rien ajouter. Bientôt Ted Laurans courut à la salle de bains, laissant les deux femmes seules avec les manteaux.

Mrs. Harrington finit par sortir. Bon nombre d'invités s'en allaient ; dans la cuisine, elle se cogna à la petite fille naine qui lavait un verre avec une dextérité étonnante car son menton arrivait à peine à la hauteur du comptoir.

« Excusez-moi, dit-elle très distinctement, je n'arrête pas d'être dans les jambes de tout le monde. »

Elles rirent toutes les deux. La naine eut un gentil sourire, et Mrs. Harrington eut plaisir à voir qu'elle était capable de sourire. Elle portait une robe pied-de-poule taillée sur mesure pour son corps trapu, et des perles de pacotille. À la surprise de Mrs. Harrington, elle avait de gros seins ; elle arborait un collier en or, et à l'un de ses doigts un petit anneau. De toute évidence elle n'était pas aussi retardée que les deux garçons.

Mrs. Harrington fit un tour pour jeter un coup d'œil sur ses enfants. Ernest arriva en courant dans la cuisine. Il était encore une fois en larmes. Il leva les bras et elle le prit : « Oh ! Ernie, tu vas te rendre malade à force de pleurer comme ça !

— Je veux rentrer à la maison.

— Qu'est-ce qui ne va pas ? Tu ne t'amuses plus ?

— Ils m'ont plaqué.

— Oh ! Ernie ! »

Trois petits enfants, deux garçons et une fille, arrivèrent dans la cuisine en courant, riant et trébuchant. Ils freinèrent en crissant aux pieds de Mrs. Harrington, comme si elle était un feu rouge. « Ernie, tu ne veux plus jouer ? » demanda Kevin Lewiston. Les visages des enfants se firent attentifs, vaguement inquiets.

« Fous le camp ! » hurla Ernie, en se nichant dans l'épaule de sa mère.

« Bon, ça suffit, dit Mrs. Harrington, allez les enfants, vous feriez mieux de retrouver vos parents.

— Oui, madame », répondirent les trois d'une seule voix, et ils sortirent en courant.

Mrs. Harrington restait dans la cuisine, tenant son enfant comme un sac de linge sale. Il voudrait sûrement dormir dans son lit ce soir, comme tous les soirs où il lui fallait porter un bandeau pour faire se redresser son œil gauche un peu paresseux. « On rentre à la maison, Ernie », lui dit-elle. Alors elle remarqua la naine qui, de tout près de l'évier, la regardait.

« Roy est dans la chambre avec des garçons, et ils fument de l'herbe », marmonna Ernie niché dans l'épaule de Mrs. Harrington, maintenant trempée de larmes et de bave.

« Arrête de rapporter. »

Elle baissa les yeux vers la naine qui levait les siens vers elle. La naine tenait un verre d'eau dans sa petite main potelée ; dans sa grosse tête, ses yeux de chouette semblaient gentils, presque jolis ; sous la forte lumière de la cuisine, elle avait une expression qui pouvait aussi bien signifier une extrême stupidité qu'un immense savoir.

Immobile, la naine regardait Mrs. Harrington comme si cette grande femme était une curiosité, ou une compagne de misère.

Le cottage perdu

La famille Dempson passait la seconde moitié de juin dans un petit cottage loué qui s'appelait *Dépression*, près de Hyannis, et cela chaque été depuis trente-six ans, et cette année-ci, avait dit Lydia Dempson à son fils Mark, ne ferait pas exception. « Peu importe ce qui est arrivé », insista-t-elle au bout des deux mille miles de fil téléphonique, « nous sommes une famille. Nous y sommes toujours allés, et nous continuerons à y aller. » À son intonation, Mark avait compris que le chapitre était clos. Une fois de plus ils iraient. Il appela une compagnie d'aviation et fit sa réservation. Il trouva quelqu'un pour s'occuper de son appartement. Il annula ses rendez-vous et engagements pour les deux semaines en question : quatre pages de son agenda « La semaine en un coup d'œil ».

Quelques jours plus tard, il y était. Une fois encore, le cottage avait besoin d'une couche de peinture. Ses parents, Lydia et Alex, étaient assis à table dans la cuisine et épluchaient des épis de maïs. Alex portait un polo blanc et une visière, il parlait de pêche. Lydia avait une robe neuve, jaune, et, par-dessus, un sweater blanc en angora. Elle ramassait les barbes des épis qu'Alex avait épluchés, d'un blanc de nacre ; ils seraient sucrés. Demain, le frère et la sœur de Mark, Douglas et Ellen, ainsi que l'amie de Douglas, Julie, arriveraient de la côte ouest. Cela ressemblait à l'ouverture d'une pièce de théâtre, qui raconterait l'histoire d'une famille en isolant quelques réunions choisies, en été, extraites, on pouvait le supposer, d'une longue série d'étés heureux, le tout pour donner les éléments d'information nécessaires. Un jour, Mark avait imaginé écrire une pièce de ce genre, avec Colleen Dewhurst dans le rôle de la mère, et Jason Robards dans celui du père. Le rideau se lève, la scène s'éclaire, on voit un couple en train d'éplucher des épis de maïs...

Six mois plus tôt, Alex et Lydia avaient réuni leurs enfants autour d'une autre table de cuisine pour leur annoncer qu'ils allaient divorcer. « Pendant longtemps, votre mère et moi nous nous sommes efforcés de vous donner à vous, les enfants, un foyer stable, avait dit Alex, mais maintenant que vous volez de vos propres ailes, il nous faut affronter certains éléments de notre relation, certains faits. Et nous venons de décider que nous serions plus heureux en nous séparant. » Il avait dû apprendre ces mots par cœur, comme Mark l'avait fait quand il avait annoncé à ses parents qu'il était homosexuel ; en les écoutant Mark éprouva ce qu'il s'imaginait qu'eux avaient éprouvé alors : pas le choc de la surprise, mais le sentiment du non-dit qui est dit, la rupture depuis longtemps redoutée du silence. En dix mots, quatre secondes et demie : une vie entière changée, la fin d'un mariage, trois cœurs glacés qui s'arrêtent de battre. « Je ne peux pas en croire mes oreilles », avait dit Ellen, et Mark savait que c'était littéralement vrai.

« Depuis des années maintenant, j'ai une relation avec quelqu'un d'autre. Il n'y a pas de raison de le cacher. C'est Marian Hollister que vous connaissez tous. Votre mère était au courant. Je n'irai pas jusqu'à dire que ça n'a rien à voir dans notre décision de divorcer mais je pense que, avec ou sans Marian, ce serait de toute façon devenu nécessaire, et je pense que votre mère serait d'accord sur ce point. »

Lydia ne dit rien. C'était deux jours avant Noël, et le sapin n'avait pas encore été décoré. Elle tenait dans sa main une petite boule d'or avec laquelle elle jouait, elle la glissait dans sa manche puis ouvrait son poing pour montrer sa paume vide.

« Des années, dit Ellen, tu dis des années.

— Nous avons besoin que vous vous conduisiez comme des adultes, à présent, je sais que ce sera dur pour vous y faire, mais je me suis habituée à cette idée, et, si difficile à croire que ça vous paraisse maintenant, vous vous y habituerez, vous aussi. Maintenant, il y a beaucoup à faire en peu de temps. Il y a beaucoup de travail. Vous pouvez donner un coup de main en débarrassant vos placards, en emportant ce que vous voulez garder et en laissant ce qu'on peut jeter.

— Vous voulez dire que vous allez vendre la maison ? dit Mark d'une voix à peine fêlée.

— L'acte est déjà signé, répondit Alex, nous avons décidé, votre mère et moi, que nous serions plus heureux en prenant un nouveau départ dans des lieux nouveaux.

« Mais comment pouvez-vous la vendre ? dit Ellen. Vous y avez vécu toute notre vie – je veux dire toute votre vie.

— Ellen, répondit Alex, tu passes ici, au mieux, deux semaines par an. Je suis désolé, mon petit. Il nous faut penser à nous aussi. »

Sur le ton d'un point d'information, Douglas dit alors : « N'allez pas croire que nous n'avons rien vu de ce qui se passe ici. Nous avons vu.

— Jamais je n'aurais cru ça », dit Alex.

C'est alors qu'Ellen demanda : « Et pour le cottage ? »

Trois mois plus tard, Alex vivait avec Marian dans un immeuble en copropriété à Nob Hill, ils travaillaient à des tables jumelles en chêne devant la grande baie vitrée. Lydia avait déménagé dans une petite maison à Memlo Park, à vingt miles au sud, elle était bronzée et suivait un cours de poterie d'art. La maison où Douglas, Mark et Ellen avaient grandi, avait été vidée et vendue, ce qui appartenait aux enfants avait été soigneusement empaqueté et mis en dépôt quelque part au garde-meubles – les ours en peluche, les vieux cahiers d'école. Mais aucun d'eux n'était là au moment où tout cela se passa. Ils étaient repartis pour Los Angeles, Hawaii, New York – leur vie à eux. Mark rendit une seule fois visite à sa mère, au printemps, elle lui fit faire le tour de sa nouvelle maison, lui montrant la vieille table de la salle à manger, les casseroles familières, dans la cuisine, la télévision, toujours la même, sur laquelle il avait suivi « Speed Racer » après l'école. Mais il y avait aussi un canapé en osier, neuf, et un peu partout de petits vases qu'elle faisait à son cours de poterie. « C'est une belle maison, avait dit Mark, harmonieuse. » À quoi Lydia avait répondu : « C'est parce qu'une seule personne y vit », elle rit, « il n'y a pas de discussion sur la couleur des rideaux. » Elle regarda le potager par la fenêtre. « J'essaie de devenir le genre de personne qui peut vivre dans une maison comme celle-ci. » Et Mark imagina la scène : Alex et Lydia en bleu de travail, en train de trier vingt-six ans d'acquisitions accumulées, de tiroirs fourre-tout pleins d'objets de première nécessité, de placards bourrés. Ils n'avaient pas eu le choix, il leur avait fallu aller jusqu'au bout du nettoyage final. Quel effet cela faisait-il ? Ils avaient été mariés plus d'années que lui-même n'avait vécu.

Dépression n'est pas le nom le plus étrange que porte un cottage à Cape Cod, ni le plus triste. À Nantucket, par exemple, il y a une maison qui s'appelle *Au-delà de tout espoir* ; une autre *Moment de faiblesse* ; une autre *Taverne déserte*. *Dépression* est une maison petite pour une famille, avec des matelas pleins de bosses, des robinets qui fuient, mais elle se dresse sur un promontoire, juste au-dessus d'un haut-fond où les pêcheurs de homards relèvent leurs casiers. Alex et Lydia ont passé dans ce cottage une semaine de lune de miel il y a vingt-six ans, et ils l'ont tellement aimé qu'ils se sont promis d'y revenir avec leurs enfants s'ils survivaient à la guerre. Deux ans plus tard, juste après la naissance de Douglas, ils persuadèrent la propriétaire, une femme âgée, de le leur louer régulièrement deux semaines par an, et depuis ils étaient venus chaque été, sans exception. Le cottage était devenu une de ces lois qui durent même quand les mariages se défont et que les autres maisons s'écroulent. Peut-être est-ce pour cette raison qu'ils ne se soucièrent jamais de demander à quiconque d'où lui venait ce nom. Une telle question, d'ailleurs, n'intéresse que Mark, pour qui le cottage a toujours été un endroit douteux. Il se rappelle, quand il était petit, qu'il surprenait ses parents avant le repas, en train d'ouvrir, de décortiquer avec leur fourchette des oursins vivants, de les extraire et de les manger tout crus. Il se rappelle quand il les entendait se bousculer dans la chambre à côté de celle où il était couché, en essayant de deviner s'ils faisaient l'amour ou s'ils se battaient. Et il se rappelle sa première expérience sexuelle, tout près du cottage – des rendez-vous avec un fils de pêcheur dans une barque à l'amarre où croupissait de l'eau de mer. Selon son interprétation actuelle, ces rendez-vous étaient ce qu'il a connu de plus voisin de « l'état amoureux », et ses parents devaient se battre. Aujourd'hui aucun bruit ne vient de leur chambre. Alex dort dans le living-room. Ce qui tient Mark éveillé, c'est le bourdonnement de sa cervelle qui imagine d'autres noms pour le cottage : *Efforts désespérés* peut-être, ou tout simplement *Le cottage perdu*. Mais *Dépression* ? Qui a donné ce nom, et pourquoi ? Il a demandé à quelques pêcheurs de homards, et aucun d'eux ne semble se souvenir.

Depuis leur arrivée, les parents de Mark ont été distants et courtois l'un avec l'autre, Mark a conscience que la situation ne les satisfait ni l'un ni l'autre. Quelques semaines après être revenu de sa visite à sa mère, il avait reçu un coup de téléphone d'Alex qui était à New York pour affaires, avec Marian ; ils voulaient qu'il dîne avec eux. Mark les retrouva dans un restaurant indien au sommet d'un immeuble qui donnait sur Central Park Sud ; il y avait des pissotières dorées chez les hommes. Marian avait l'air bien, chaleureuse, et Mark se rappela qu'avant de devenir la maîtresse de son père, elle avait eu avec lui une relation amicale. C'était l'été où il avait travaillé comme assistant de recherches auprès d'elle. Il se rappela aussi qu'Alex n'avait presque jamais emmené Lydia en voyage d'affaires.

« Eh bien, dit Alex au milieu du repas, je serai à Cape Cod en juin, comme d'habitude. Et toi ?

— Bien sûr, papa.

— Bien sûr. Mais Marian ne viendra pas, j'en ai bien peur.

— Oh ?

— J'aimerais bien que ce soit possible, mais ta mère ne le supporterait pas.

— Vraiment... », dit Mark avec un regard de côté vers Marian, pour voir dans quelle mesure il pouvait poursuivre. Elle semblait décidée, alors il résolut d'être franc. « Est-ce que ça t'étonne vraiment ?

— Rien de ce qui vient de ta mère ne m'étonne », répondit Alex. Mark supposa qu'Alex venait d'essayer de voir jusqu'où il pouvait repousser les limites soigneusement surveillées de la tolérance de Lydia, dans quelle mesure il pouvait en prendre à son aise avec elle, et qu'il venait de constater que ces bornes étaient atteintes. Apparemment Lydia s'était affolée, s'était laissé dépasser par des calculs de lits et de chambres, et avait soutenu que les enfants seraient incapables de supporter la présence de Marian. « C'est vrai, ça, demanda-t-il à Mark en se penchant vers lui, est-ce que les enfants seraient incapables de la supporter ? »

Mark se sentit dans la position d'un accusé. « Je pense que maman ne pourrait pas le supporter », répondit-il pour finir, évitant pour l'instant d'évoquer les sentiments de ses frère et sœur comme les siens propres. Mais sa réponse était suffisamment nette. « N'insiste pas, Alex, dit Marian en allumant une cigarette. De toute façon, je dois aller voir Kerry en Arizona cette semaine-là. Kerry vit dans un ranch. » Elle sourit, battant en retraite à l'abri de ses propres enfants.

Autrefois, Mark avait été très intime avec Marian. Il avait en elle une telle confiance, en fait, qu'il venait lui faire ses confidences avant de les faire à qui que ce soit d'autre, et elle lui répondait gentiment, l'entourant de tendresse et lui donnant la force d'avouer à ses parents qu'il était homosexuel. Il est plein d'admiration pour elle, et n'a aucun mal à comprendre pourquoi son père en est tombé amoureux. Mais depuis le divorce, par respect pour sa mère, il n'a pas parlé à Marian. Marian est le seul obstacle que Lydia n'arrive pas à surmonter. Lydia ne prononce jamais le nom de Marian, il lui écorche la gorge comme un éclat de verre, et lui fait monter aux yeux des larmes de souffrance. « Il y a des fidélités à respecter », c'est tout ce qu'elle a pu dire lorsque Alex a évoqué son intention d'amener Marian à Cape Cod. Alex n'a pas insisté, parce qu'il était de son avis, et parce qu'il convenait que deux semaines en juin était un bien petit sacrifice en comparaison de l'étendue du sien, en comparaison de tout ce qu'elle avait accordé. « Marian et moi pouvons survivre à cela, dit-il à Mark au restaurant indien, nous avons survécu à des séparations plus longues. » Cette déclaration l'échauffa. Comme pour la souligner il prit la main de Marian et la garda dans la sienne sur la table. « Nous survivrons à celle-ci », ajouta-t-il.

Marian eut un rire nerveux : « Ton père et moi avons attendu six ans pour être ensemble. Qu'est-ce que deux semaines ? »

Le cottage a peu changé depuis le temps où les enfants Dempson étaient petits. Alex et Lydia ont eu beau parler chaque année de réparations, c'est toujours le même porche vermoulu devant la façade, la même porte qui grince sur ses gonds. Chaque enfant dort dans la chambre où il a toujours dormi, prend la même part aux tâches ménagères. « Vous êtes peut-être des adultes ailleurs, plaisante Lydia, mais ici vous êtes mes gosses, et vous faites ce que je vous dis. » Ellen est avocate, célibataire. Deux jours avant son départ, on lui a demandé de retarder ses vacances pour prêter son concours dans une affaire importante qui passait en jugement. Elle a refusé, et cela, pense-t-elle, peut compromettre ses chances de devenir associée l'an prochain. « Mais pourquoi, Ellen ? » a demandé Mark lorsqu'elle le lui a raconté. « La famille est plus importante. Maman est plus importante. » Douglas a amené avec lui Julie, la femme avec laquelle il vit depuis cinq ans. Ils mènent des recherches en océanographie dans un village isolé de Kauai, ils ont reçu des distinctions universitaires impressionnantes. Seul Mark n'a ni carrière ni ambitions. Il vit de travaux temporaires à New York, passe de sous-location en sous-location tous les trois ou quatre mois et consacre l'essentiel de son temps à explorer la vie nocturne homosexuelle de la cité. Ces derniers mois il faisait du traitement de textes dans une banque. Il lui était facile de partir. Il n'a eu qu'à démissionner.

Maintenant, au bout d'une semaine de vacances, les choses ne vont pas bien. Lydia est la plupart du temps en colère, et quand on lui demande pourquoi, elle incrimine des détails sans importance, une casserole sale, un lit pas fait. Exemple d'après-midi typique : Douglas, Julie, Mark et Ellen reviennent de la plage où ils ont nagé et joué dans les vagues. Lydia ne les salue pas. Elle est assise à la table de la cuisine, elle tricote. Elle porte un pull marin et un kilt fermé par une grosse épingle de sûreté – une tenue qu'elle met de côté et ne porte que ces quelques semaines à Cape Cod. « On est en retard ? » demande Douglas, hors d'haleine, étonné par son silence.

« Non, répond Lydia.

— On s'est bien amusés à la plage », risque avec un sourire mal assuré Julie, encore étrangère dans cette famille, « et vous, comment s'est passée la journée ?

— Bien. »

Ellen se frotte les yeux : « Écoute, maman, tu préférerais m'entendre dire que je me suis presque noyée aujourd'hui ? J'aurais mieux fait. Une personne de moins pour flanquer la pagaille. Dommage que Mark m'ait repêchée. »

Lydia pose son tricot, se prend la tête dans les mains : « Je ne mérite pas ça. Vous ne savez pas ce que c'est qu'essayer d'empêcher la pagaille d'envahir cette maison. Ce n'est pas juste de se moquer de moi alors que tout ce que j'essaie de faire, c'est de nous éviter d'être envahis par la vaisselle sale, sous le linge sale.

— On n'a pas fait la vaisselle après déjeuner ? demande Douglas. On a sûrement fait la vaisselle après déjeuner…

— Si on peut appeler ça faire la vaisselle, c'était plein de gras, et pas rincé.

— Je suis désolée, Lydia, dit Julie, on s'est tellement dépêchés…

— C'est juste que si quelque chose doit être fait correctement, ici, eh bien, il faut que ce soit moi qui le fasse, et j'en ai assez. J'en ai assez. » Elle attrape un paquet de chewing-gum – sans sucre –, défait l'emballage et se met à mastiquer consciencieusement.

« Maman, c'est ridicule, intervient Ellen, la vaisselle, ce n'est rien. La vaisselle, ça n'a pas d'importance.

— Tiens ! voilà exactement le genre d'attitude qui m'exaspère. Ça n'a pas d'importance pour des gens comme toi, et après c'est sur des gens comme moi que ça retombe.

— Je ne suis pas "des gens". Je suis ta fille Ellen au cas où tu l'aurais oublié. Maintenant excuse-moi, il faut que j'aille me changer. »

Elle sort en trombe de la cuisine, bousculant Alex, dont la figure et les vêtements sont couverts de boue et de sable.

« Qu'est-ce qui te presse comme ça ?

— Demande-le-lui, à *elle* », répond Ellen en claquant la porte de sa chambre.

Lydia se frotte les yeux. « Qu'est-ce qui se passe ? demande Alex.

— Rien, rien, répond-elle d'une voix atone et lasse, comme d'habitude. Est-ce que tu as fini de réparer le tuyau ?

— Pas tout à fait, j'ai besoin d'un coup de main. J'espérais que Douglas et Mark viendraient ramper là-dessous avec moi. » Toute la journée il a essayé de réparer un tuyau défectueux qui occasionne depuis vingt-cinq ans une fuite au robinet de la baignoire, cause d'une traînée de rouille bleuâtre près de l'embase du robinet. Plus Lydia est irritée, plus Alex se jette dans les réparations, se consacre à soigner les vieilleries de la maison, celles auxquelles, les autres années, il jugeait bon de ne pas prêter attention. Ça lui donne un prétexte pour passer ses journées seul, loin de Lydia.

« Alors, tu peux m'aider ? demande-t-il.

— Eh bien... répond Mark, j'imagine que oui. Quand ?

— Je pensais, tout de suite. Il faut qu'on sorte relever les casiers dans une heure à peu près. Henri a dit qu'on pourrait aller en bateau avec lui. J'aimerais bien que ce soit fait avant.

— Bien, dit Douglas, je suis prêt. »

Mark hésite. « Bon. Je viens vous aider. Juste le temps de me changer d'abord. »

Il quitte la cuisine et s'en va dans sa chambre. C'est la plus petite de la maison, avec un tout petit lit d'enfant ; même si Mark dépasse le reste de la famille de dix centimètres au moins, il n'en demeure pas moins le plus jeune. Le lit allait bien quand il avait cinq ans, mais maintenant la plupart des ressorts sont défoncés et les jambes de Mark sont coincées d'autant au-delà du bord. Il enlève son maillot, se sèche avec une serviette et, tout en s'habillant, jette un coup d'œil à son image dans le miroir. C'est la même figure que tous les jours.

Il se dirige vers l'entrée où l'attendent Alex et Douglas. « Allons-y, je suis prêt. »

Bien sûr, au début, les choses n'en étaient pas là. Le jour de leur arrivée au cottage, Lydia paraissait exubérante. « Respire, respire cet air, disait-elle à Mark, les yeux brillants d'excitation. Nulle part ailleurs dans le monde, l'air ne sent comme ça. » Au dîner il y eut des spaghetti avec des palourdes – ce fut un repas énorme, décadent, trop arrosé. Au beau milieu, Mark tomba par terre avec un fou rire si violent qu'il s'en rendit presque malade. Ils allèrent se coucher à trois heures du matin, dormirent sans un seul rêve jusque tard dans la matinée. Avant le réveil de Mark, Lydia était irritée, et Alex avait disparu, seul, à la pêche. Ce soir-là, Ellen et Julie firent un gâteau, et Lydia se mit en colère contre elles parce qu'elles n'avaient pas nettoyé tout de suite après. Douglas et Julie se montrèrent à la hauteur de la situation, par souci d'apaisement, et se mirent à récurer. Douglas était encore plus résolu que ses parents à maintenir une apparence de normalité à ces vacances, en partie pour Julie, mais aussi parce que ces deux semaines au cottage lui étaient encore plus chères qu'à sa mère. Ellen lui reprocha d'obéir avec autant d'empressement à ses caprices. « Elle sera encore plus en colère si tu lui enlèves son seul dérivatif. Laisse la vaisselle sale. Si cette maison était propre, crois-moi, elle serait encore pire que maintenant.

— Je souhaite juste que les choses soient agréables », répondit Douglas. Il cédait à sa mère, prétendument par compassion pour elle, mais en réalité, Mark le savait, parce qu'il craignait plus que n'importe quoi au monde de lui voir perdre son contrôle d'elle-même. Quand Douglas et lui étaient enfants, il s'en souvient, un après-midi, dans le parc, Lydia avait été frappée à la tête par une balle de softball. Elle était tombée à genoux et avait fondu en larmes, Douglas avait reculé, terrorisé, et avait refusé de s'approcher d'elle. Maintenant, il semblait décidé à faire en sorte que sa mère ne recommence jamais à lui infliger ce genre de choses, même si cela voulait dire qu'il lui demandait de souffrir en silence.

Lydia est toujours dans la cuisine, appuyée au comptoir, quand Mark sort de dessous le cottage. Elle ne boit pas de café, elle ne lit pas de recette, elle est juste appuyée là. « Papa et Doug m'ont dit de ramasser mes affaires et de rentrer, j'étais plus gênant qu'utile.

— Oh !

— Oui, poursuit Mark en s'asseyant à la table, je ne suis pas doué pour le bricolage. Je suis capable de prendre un outil et de le passer aux autres – parfois. Ils savaient bien que je n'avais pas le cœur à ça.

— Tu n'as jamais aimé ça. »

Mark garde le silence quelques secondes, puis : « Papa s'est mis à tout réparer cette fois-ci, non ? L'été prochain, tout sera impeccable.

— Nous ne serons pas là l'été prochain. J'en suis sûre, même si c'est difficile d'imaginer que cette fois-ci est la dernière.

— Je suis désolé que ce soit un moment si triste pour toi. »

Lydia sourit. « Bah, ce n'est la faute de personne d'autre que moi. Tu sais, quand ton père m'a annoncé qu'il voulait divorcer, il a dit que les choses pourraient être pénibles ou très pénibles. C'était à moi de choisir. Je crois que j'ai choisi la première des deux solutions. Et puis j'ai aussi pensé que si j'acceptais ce qu'il me demandait, si je ne faisais pas d'histoires, au moins il serait correct.

— Maman, arrête un moment. Tu t'attendais à quoi ?

— À ce qu'on agisse comme des adultes. À ce qu'on joue franc jeu. » Elle se tourne et regarde par la fenêtre, le visage renfrogné. La table est jonchée de papiers de chewing-gum.

« Est-ce que je peux t'aider ? »

Lydia a un rire. « Ton père serait content de t'entendre dire ça. Depuis le début il m'a seriné : "Je vais les amener à me détester, je vais dresser mes enfants contre moi. Alors ils seront à tes côtés." Il tenait tellement à se sacrifier, bon sang. Mais non, tu ne peux pas m'aider, j'ai encore un peu de fierté. »

On entend claquer la porte dans l'entrée. Des voix d'hommes emplissent la maison, Alex et Douglas entrent dans la cuisine, les vêtements encore plus maculés de boue, une lueur de triomphe dans les yeux. « On dirait que nous avons réparé le tuyau, dit Alex, et maintenant, allons nous laver, Henri nous attend depuis dix minutes pour ramasser les homards. »

Douglas et lui vont se laver les mains et la figure à l'évier de la cuisine. De sa chambre, Julie lance : « Vous avez réparé le tuyau, c'est formidable !

— Oui, répond Douglas, nous avons réparé cette satanée fuite qui a empoisonné la maison pendant des siècles.

— On ferait mieux d'y aller, coupe Alex. Julie a envie de venir aux homards ?

— Les homards ? » dit Julie en faisant son entrée avec un sourire radieux, plein d'envie. Puis elle jette un coup d'œil à Lydia : « Non, allez-y, les hommes. Nous les femmes on reste ici et on garde le foyer. »

Lydia la regarde et hausse les sourcils.

« Bon, allons-y, reprend Alex, Mark, tu es prêt ? »

Il lance à Lydia un regard interrogateur, mais elle est en train de rassembler poudre à récurer et paille de fer, elle se prépare à attaquer la rouille sur la baignoire.

« Je suis prêt », dit Mark.

Au début, quand il était tout petit, Mark prêtait aux pêcheurs de homards la même apparence qu'aux homards eux-mêmes, pattes et grandes pinces roses.

Plus tard, en arrivant à la puberté, il découvrit que toutes ses émotions sexuelles étaient concentrées sur eux – ces hommes et ces garçons au visage coloré, au torse moulé dans des tee-shirts sales. C'est ici, dans un bateau à sec, que Mark a fait l'amour pour la première fois, avec un garçon du coin qui lui avait fait des propositions dans les toilettes de ce qui était alors la seule pizzeria de la ville. « J'ai vu que tu me regardais », lui avait dit le garçon, qui s'appelait Errol. Mark avait voulu fuir, mais au lieu de ça, avait convenu d'une heure pour retrouver Errol plus tard dans la nuit. Dans la pizzeria, la famille avait une discussion sur « oui ou non, des anchois ». Mark continue à sentir une vague de nausée le parcourir lorsqu'il mange avec ses parents dans n'importe quelle pizzeria, en se rappelant l'haleine chaude d'Errol sur sa nuque et l'odeur de poisson qui sembla ensuite lui coller à la peau pendant des jours.

Alex est ami avec les pêcheurs de homards du coin, l'un d'eux est le cousin de la propriétaire. La plupart des étés, Douglas, Mark et lui font des sorties sur le petit bateau avec Henry Traylor et son fils, Henry Traylor, ils font comme s'ils étaient pêcheurs eux-mêmes, halant les casiers, attrapant les bestioles qui grouillent et refermant leurs pinces. Les homards ne sont roses que quand on les fait bouillir ; vivants ils sont parfois d'un bleu qui rappelle à Mark la trace de rouille sur la baignoire. Mark n'a jamais beaucoup aimé ces expéditions, pas plus que les caricaturales postures machistes que son père et son frère arborent dans ces moments-là. Il les regarde et voit des baudruches à peau blanche, des hommes pour qui un homme ne peut éprouver de désir. Et pourtant, ils sont aimés, passionnément aimés, des femmes.

Aujourd'hui Henry Traylor a un an de plus que la dernière fois qu'ils l'ont vu, tout comme son fils. « Terminé le lycée la semaine dernière, dit-il à Alex.

— Formidable, répond Alex, et quoi, après ?

— M'établir, me marier, j'imagine, répond Henry Traylor, travailler, avoir des enfants. » C'est un garçon au visage tout rond, aux joues rouges, à la tignasse très blonde. Tout en parlant, il tient sans effort la barre du petit bateau qui les emmène par le goulet vers les bouées peintes, au-dessus des casiers mouillés au fond. Une fois au large, Alex semble extraordinairement détendu. « Ta mère n'a pas l'air heureuse, dit-il à Mark, j'essaie de lui parler, de l'aider, mais ça ne sert pas à grand-chose. Enfin... peut-être que Julie et Ellen y pourront quelque chose. » Il pose son bras sur l'épaule de Mark – ce n'est pas compliqué, un geste paternel qui semble dire « Cet amour au moins est simple ». L'amour des hommes est simple. Laissons les femmes à la cuisine, dans la vapeur des casseroles, le brouillard de leurs jalousies et de leurs impulsions. Nous, on va à la chasse.

Henry Traylor a remonté le vieux casier. Des pattes de homard dépassent du cadre en bois tout couvert de coquillages, de temps en temps elles bougent. « Et maintenant, tu attrapes le petit salopard comme ça », montre Henry Traylor à Douglas, « tu prends ton rouleau d'adhésif, et tu la lui fermes. C'est simple.

— D'accord, dit Douglas, allons-y. » Il se cambre, tend son bras au-dessus du casier, se tenant lui-même à distance, et ramène un homard, qui donne de grands coups de queue.

« Mon Dieu », dit-il, et il le lâche presque.

« Pas comme ça, s'écrie Henry Traylor, tu l'as, maintenant prends le rouleau et attache-le serré. Ferme-la-lui, comme si c'était une femme qui te bassine. Voilà, Bien. Vu ? C'était pas trop difficile.

— Fais ça à ta femme, dit Traylor père, et elle te coupera le sifflet plus vite que ce homard. »

Les trois hommes Dempson se mettent à rire, sans retenue. Douglas regarde son œuvre – un petit homard attaché, bâillonné – et il sourit. « Je l'ai fait », dit-il. Mark se demande si Henry Traylor le jeune a déjà pensé à faire l'amour avec des garçons, il pense brutalement à le lui proposer, à l'avoir sous le bateau. Il lui dirait : « J'ai vu que tu me regardais. » Il y pense – de petits tourbillons de semence se figent dans les flaques d'eau, blancs comme les remous d'écume qui s'accumulent maintenant sur la mer où cinq hommes, faibles, luttent contre des homards.

Ils rentrent vers la côte. Les Traylor ont demandé à Alex et Douglas de les accompagner en haut de la colline pour voir leur nouveau puits, si bien que Mark rapporte à la maison les sacs de homards. Mais quand il approche de la porte à claire-voie de la cuisine, il s'arrête en chemin ; Ellen, Lydia et Julie sont assises à table, elles parlent à voix basse, et il redescend les marches de peur de les interrompre. « Ça pourrait marcher, est en train de dire Ellen, vraiment ce n'est pas si indigne de nos jours. J'ai rencontré bon nombre de garçons très présentables quand je l'ai fait.

— Mais comment formuler ça ? demande Lydia.

— Le plus simple, directement. Femme séduisante, divorcée, dans la cinquantaine, souhaite rencontrer... ce que tu voudras – homme d'expérience présentant bien – enfin tu vois ? ce que tu voudras.

— Je ne pourrai jamais écrire ça, dit Lydia en élevant la voix, et en plus ce ne serait pas juste. Ils seraient déçus en me voyant.

— Mais non, ils ne le seraient pas. Vous êtes très attirante, dit Julie.

— Je suis une vieille femme. Ça ne sert à rien de me raconter des histoires. Je sais ce qu'il en est.

— Maman, on ne te donne pas la moitié de ton âge. Tu es splendide », reprend Ellen.

Mark frappe et passe la porte, les bras pleins de homards. « Me voilà de retour avec la récolte. Désolé pour avoir écouté aux portes, mais je suis d'accord avec tout ce qu'a dit Ellen.

— Ce n'est pas grave, Mark. Alex ne s'en soucierait même pas s'il s'en apercevait.

— Maman, arrête un peu tu veux, coupe Ellen, tu veux bien arrêter. Ne t'occupe plus de lui, pour l'amour du ciel, il n'en vaut pas la peine.

— Ne parle pas de ton père sur ce ton. Tu peux me dire tout ce que tu crois que je dois savoir, mais je ne te permets pas de parler de ton père comme ça. Il est toujours ton père même s'il n'est plus mon mari.

— Seigneur !

— Que dis-tu ?

— Rien », répond Ellen, plus fort.

Lydia regarde une fois de son côté, puis va vers la cuisinière, où bout l'eau pour les homards. « Combien en as-tu, Mark ?

— Six. Papa et Douglas sont allés voir le puits des Traylor. Ils reviennent dans une minute.

— Bon. Mettons ces machins dans l'eau. » Elle lève le couvercle du grand fait-tout, et la vapeur s'en échappe, embuant les lunettes qu'elle met pour lire.

Le dîner se passe dans le calme. Alex est d'humeur questionneuse, les enfants lui répondent docilement. Douglas et Julie parlent des étranges façons de dormir qu'ont les requins, Ellen du cabinet, Mark d'une pièce qu'il a vue peu avant Off-Broadway. Lydia est assise au bout de la table, et de temps à autre fait un commentaire ou pose une question – juste ce qu'il faut pour ne pas les alerter, qu'ils ne passent pas le repas à la dévisager. Mark remarque que ses yeux reviennent sans cesse vers Alex.

Quand le dîner est fini, Julie et Lydia emportent la vaisselle à la cuisine, et Douglas demande : « Alors, on a une glace ce soir ? ou quoi ? » Chaque soir depuis leur arrivée, ils sont allés chercher des glaces après dîner, surtout à la demande de Douglas et Julie, qui adorent les glaces et plus encore les rites. Ellen, qui est allée les voir à Hawaii, a raconté à Mark qu'ils donnent du thé à leur chat tous les matins, dans leur lit. « Ils sont cinglés », a-t-elle dit en lui décrivant comment Douglas tient le chat et Julie la soucoupe où il lape le lait. Depuis cinq ans qu'ils vivent ensemble, Mark l'a noté, Douglas et Julie ne s'intéressent presque plus qu'à eux-mêmes, aux dépens de presque tout ce qui les entoure, probablement à cause du fait qu'ils ont passé la plupart de ce temps dans des endroits perdus, dans un isolement de fait. Ils ont entre eux un langage secret de mots codés et d'euphémismes. Un soir, Julie a demandé à Douglas de lui faire un « floogie », Mark a éclaté de rire, alors ils ont expliqué que « floogie » était leur terme à eux pour dire « masser le dos ».

Ce soir, Ellen est particulièrement aimable. D'habitude elle renâcle pour les expéditions-glaces, mais là elle dit : « Excellente idée, allons-y. » Mark se demande ce qui les a amenées, elle et Lydia, à la conversation qu'il a surprise, puis il décide qu'il préfère ne pas savoir. « Allons-y, allons-y, dit Douglas. Maman, tu viens ? »

Mais Lydia a le visage plongé dans la vapeur qui monte de l'évier, elle a insisté pour faire la vaisselle elle-même. « Non, allez-y, vous. »

La tristesse de sa voix fait battre en retraite Douglas, c'est une tristesse qui peut à chaque instant tourner à la colère s'il insiste encore. Il sait renoncer. « Et toi, papa ? demande-t-il à Alex.

— Moi non plus, je suis crevé. Rapportez-moi un chocolate chips.

— Tu me donnes des sous ? » dit Douglas.

Alex lui tend un billet de vingt dollars, et les enfants s'embarquent dans la voiture pour aller en ville chez le marchand de glaces. Les voilà assis dans une baraque rose aux banquettes en cuir verni à hauts dossiers, qui rappellent à Mark des flamants roses sur une pelouse, et une serveuse en uniforme rose leur apporte la carte. C'est une fille du coin, avec de vilaines dents, et Mark se demande si c'est elle que Henry Traylor épousera un de ces jours. Ça ne l'étonnerait pas. Elle a l'air vigoureuse, même lui le ressent, et il imagine que Henry Traylor la trouverait désirable. Douglas la regarde.

Julie regarde Douglas la regarder, mais elle ne semble pas jalouse. Elle semble fascinée.

Ellen semble jalouse.

Ils commandent des sundaes et les mangent avec application. À la moitié de la glace à la myrtille qu'il partage avec Ellen, Mark s'aperçoit qu'il n'a plus goût ni à la glace ni à ce rite, et que cela fait déjà quatre jours de ça. Julie a l'air fatiguée, elle aussi – fatiguée d'être chaleureuse, fatiguée de s'extasier sur des robinets réparés. Mark imagine le moment où son frère et Julie donneront du thé à leur chat pour la seule et unique raison qu'ils l'auront toujours fait, et sans plaisir. Il se rappelle un week-end où Julie et Douglas étaient venus le voir à New York, ils avaient pris le train depuis Boston où ils étudiaient et devaient prendre l'avion pour la Californie le lendemain après-midi. Pendant tout le trajet en train, Douglas n'avait pensé qu'à une seule chose : dîner dans un restaurant bengali sur lequel il avait lu un article, mais le train avait eu quelques heures de retard et, le temps que Julie et lui récupèrent leurs bagages, le restaurant était fermé. Douglas rageait comme un gosse jusqu'à en avoir les larmes aux yeux. « Toute cette journée dans le train, à penser à ce dîner », avait-il dit dans le métro en rentrant chez Mark. Julie l'avait entouré de ses bras et embrassé sur le front, mais il s'était détourné. Mark avait eu envie de la secouer, de lui demander pourquoi elle lui passait tout comme ça, mais il savait que Douglas lui passait tout, exactement aussi souvent. C'était la base de leur relation – ils ne se refusaient rien l'un à l'autre – et ce d'une manière si excessive que Mark ne pouvait rester avec eux plus de quelques jours sans penser devenir cinglé. Ce n'est pas qu'il n'était pas le bienvenu ; sa présence ou son absence n'étaient pas la question pour eux ; en ce qui les concernait, il aurait tout aussi bien pu ne pas exister. Et c'était ça le couple, la sacro-sainte institution de mariage ? Pour Mark, les manœuvres amoureuses du monde hétérosexuel méritent le même étonnement et la même défiance qu'il entend dans la voix de sa sœur quand elle dit : « Mais comment peux-tu coucher avec quelqu'un que tu viens à peine de rencontrer ? Moi, je ne pourrais pas. » Il a envie de répondre : « Jamais je ne prétendrai que je pourrais jurer fidélité à une seule personne. » Mais ce n'est pas tout à fait vrai. Ce qui est vrai, c'est qu'il est terrifié à l'idée de ce qu'il pourrait devenir, une fois un tel serment prêté.

« Bon, à quand la conférence au sommet ? » dit Ellen en posant sa cuiller bleue de myrtilles sur la table rose. Tout le monde la regarde.

« Qu'est-ce que tu veux dire ? demande Julie.

— Je veux dire qu'il faut qu'on parle de ce qui se passe entre papa et maman. Je veux dire qu'il faut qu'on arrête de faire comme si tout était normal alors que ça ne l'est pas.

— Je ne fais pas comme si, dit Douglas.

— Moi non plus, dit Julie, nous sommes conscients de ce qui se passe. »

Mark regarde la glace à la myrtille fondre sur les parois du verre d'Ellen. « Qu'est-ce que maman t'a dit ? demande-t-il.

— Tout et rien. Je l'écoute quand elle est en colère, et quand elle a envie de pleurer c'est dans ma chambre qu'elle le fait. Un jour elle est gaie, le lendemain elle est défaite. Je ne sais pas pourquoi elle a décidé de me prendre pour confidente, mais elle l'a décidé. » Elle repousse la coupe. « Pourquoi ne pas regarder en face le fait que c'est un échec ? dit-elle. Papa n'a aucune envie d'être ici, ça, c'est sûr, et maman commence à penser qu'elle n'en a pas envie non plus. Et moi, en ce qui me concerne, je ne suis pas sûre que j'aie envie d'être ici.

— Maman croit à la tradition », dit Douglas doucement, répétant une phrase qu'ils ont entendue des centaines de fois.

« Tradition. Ça peut devenir répétition, dit Ellen, quand on finit par tenir à quelque chose seulement parce qu'on a peur de le laisser tomber. » Elle secoue la tête. « Je suis prête à laisser tomber.

— Laisser tomber quoi ? demande Douglas. La famille ? »

Ellen garde le silence.

« Je trouve que ce n'est pas juste, dit Douglas, bien sûr les choses sont tendues. Il y a eu beaucoup d'événements. Mais cela ne veut pas dire qu'il faut renoncer. Il faut que nous y réfléchissions. Que les choses soient différentes ne signifie pas forcément qu'elles soient mauvaises. Pour ce qui est de moi, je suis décidé à tirer le maximum de ces vacances – pour moi, mais aussi pour maman... À part ça, sans ça...

— Elle n'a déjà plus rien », dit Ellen.

Douglas la regarde.

« Inutile de faire l'autruche, continue Ellen, elle ne la fait pas. Sa vie tout entière s'est écroulée quand papa l'a quittée, Cape Cod ou pas. Ces vacances n'ont pas la moindre importance. Mais ce n'est pas la fin, elle pourrait recommencer sa vie. Rappelle-toi, Mark, la première fois que Douglas n'est pas revenu à la maison pour Noël. Je parie, Douglas, que tu ne t'es jamais douté à quel point ça a bouleversé tout le monde. Noël ne serait pas Noël sans la famille au complet, j'ai dit, alors pourquoi même le fêter ? Et puis Noël est arrivé, on l'a fêté sans toi. Ça n'était pas pareil, mais c'était toujours Noël. On l'a passé. Et même, on a peut-être été soulagés de voir qu'on ne dépendait pas autant de ta présence qu'on le pensait. Soulagés d'avoir pu abandonner un bout de ces vieux rites, un peu de cette nostalgie. C'était comme une répétition générale pour toutes les pertes que, nous le savions sans doute, nous aurions à affronter un jour – pour celle-ci peut-être. »

Douglas a le bras autour de Julie, les doigts agrippés à son épaule. « Jamais personne ne m'a dit ça. J'imaginais que personne ne s'en était soucié. »

Ellen se met à rire. « Ce n'est pas ça le problème de cette famille. Le problème ici, c'est que chacun se fait du souci. »

Ils rentrent au cottage vers onze heures, et ils trouvent les lampes encore allumées. « Ça m'étonne qu'elle soit encore debout, dit Ellen à Mark pendant qu'ils s'extraient de la voiture.

— Pas si étonnant. Elle doit manger un morceau. » Le gravier de l'allée crisse sous ses pas quand il avance vers le panneau-moustiquaire de la cuisine. « Bonsoir, maman », lance Mark en poussant la porte, puis il s'arrête brutalement, les trois autres derrière lui. « Qu'est-ce qui se passe ? »

Alex est debout près de la planche à repasser, il a sa veste, la figure rouge et bouffie. Il regarde Lydia qui, dans son peignoir rose, est assise à la table de la cuisine, la tête dans les bras, elle pleure. Devant elle, un demi-pamplemousse sur une assiette et une petite cuiller aux bords en dents de scie.

« Qu'est-ce qui se passe ? demande Ellen.

— Rien, rien, les enfants, répond Alex, votre mère et moi avions une discussion.

— Ah ! Tais-toi ! » interrompt Lydia en relevant la tête avec mépris. Elle a les yeux rouges, gonflés de larmes. « Pourquoi ne pas tout leur dire puisque tu tiens si fort à l'honnêteté, tout à coup ? La bonne amie de votre père est arrivée. Elle est dans un motel en ville. Ils ont combiné tout ça depuis longtemps et votre père n'a pas jugé bon d'en avertir un seul d'entre nous, sauf que je suis tombée sur elle ce matin en faisant les courses.

— Bon sang », dit Mark en s'adossant au mur de la cuisine. En face de lui, son père, aussi, a un recul.

« Bon, essayons de ne pas nous exciter, dit Ellen, essayons de tirer ça au clair. Papa, c'est vrai ?

— Oui. Je regrette de ne l'avoir dit à aucun d'entre vous, mais j'avais peur de la façon dont vous réagiriez. Marian est ici juste pour le week-end, elle sera partie lundi. Je pensais la voir dans la journée, personne ne s'en serait aperçu. Maintenant que tout est déballé je me rends compte qu'un mensonge de plus n'était pas une bonne idée. De toute façon, est-ce que je demande tant que ça ? Tout ce que je demande c'est de passer un peu de temps en ville avec Marian. Je serai ici pour les repas, pendant la journée, pour toutes les activités de la famille. Aucun de vous n'est obligé de la voir.

— Tu penses que c'est juste pour Marian ? demande Ellen.

— C'était son idée.

— Je vois.

— Juste pour Marian, juste pour Marian, grommelle Lydia, tout, tout le temps, a été juste pour Marian. Ces deux semaines devaient l'être pour moi. » Elle prend un Kleenex, se frotte le nez et les yeux. Les doigts de Mark s'agrippent aux moulures sur le mur, Julie boutonne et déboutonne le col de son sweater.

« Lydia, s'il te plaît, dit Alex, quelque chose n'est pas clair ici. Quand j'ai accepté de venir ces deux semaines, c'était en tant que père, et comme un ami. Rien de plus.

— Eh bien, va-t'en, s'écrie Lydia en se levant et en lui faisant face. Tu m'as rabaissée plus que je n'aurais jamais cru, ne reste pas là à retourner le couteau dans la plaie. Va-t'en. » Chancelante, elle va vers le comptoir, prend une tasse de café, en boit une gorgée. Du café gicle par-dessus le bord et des gouttes chaudes tombent par terre.

« Maintenant je crois que nous avons à parler de ça, dit Ellen, nous pouvons en venir à bout si nous nous y mettons.

— Il n'y a rien à faire, répond Douglas, qui s'assied à la table, il ne reste rien à dire. » Il regarde la table, Julie tend la main vers la sienne.

« Qu'est-ce que tu veux dire par "il n'y a rien à dire" ? Il reste tout à dire au contraire. La seule chose que nous n'avons pas faite, c'est de parler de tout ça ensemble, comme une famille.

— Oh ! la paix, vous deux ! dit Lydia en posant sa tasse. Vous ne connaissez rien de tout ça. Toute l'affaire est si simple que c'en est embarrassant. » Elle se pose la main sur la poitrine et aspire profondément, par saccades. « Il n'y a qu'une chose à dire ici, et je suis celle qui a à la dire. Cette chose, c'est que j'aime votre père, que je l'aimerai toujours. Que lui ne m'aime pas, qu'il ne m'aimera jamais. »

Personne ne lui répond. Elle a raison. Aucun d'eux effectivement ne sait rien de ça, pas même Ellen. Les enfants de Lydia sont sans voix, comme des spectateurs qui regardent une femme marcher sur le rebord d'un toit : incapables de l'aider en quoi que ce soit, ils peuvent seulement la regarder pour voir ce qu'elle va faire.

Ce qu'elle fait, c'est de se tourner vers Alex. « Tu m'as entendue ? Je t'aime. Tu peux me fuir, moi, mais ça, tu ne pourras jamais. »

Il garde les yeux fixés sur la fenêtre, au-dessus de sa tête, en faisant bien attention à ne pas la regarder. Son visage a une expression presque simple, presque douce : les lèvres jointes, mais pas trop serrées, le regard ailleurs. En pensée, il est déjà loin.

Venus d'ailleurs

Il y a un an, je n'aurais seulement pas rêvé être où je suis : dans la salle de détente du troisième étage de l'hôpital d'État, à regarder en compagnie de ma fille dix hommes assis en cercle au centre de la pièce. À distance, ils semblent pratiquement normaux – pantalons kaki, chemises à carreaux, socquettes blanches – mais j'ai appris à repérer les tics, les dérangements nerveux. Ces hommes participent à un atelier d'écriture poétique. C'est au tour de mon mari, Alden, de lire. Il lui faut un moment pour trouver sa canne, pour se hisser hors de son siège. Debout, il a l'air malhabile et voûté. La cornée de son œil gauche, blessé, s'est épaissie, on dirait une agate. Il porte une cicatrice rose pâle sous ses cheveux blonds pâle.

La femme qui dirige le séminaire (tous les participants sont volontaires) se frotte le front en écoutant et triture une de ses boucles d'oreilles en forme d'éléphant. La voix d'Alden est un rugissement rauque, il l'a retrouvée depuis peu de temps. Il lit : « Dieu damné Dieu ! Je suis fou furieux, c'est l'enfer, je ne peux ni marcher ni parler. »

C'est le printemps, et ma fille cadette, ma petite de onze ans, Nina, s'est persuadée qu'elle vient d'ailleurs.

Mrs. Tompkins, son institutrice, m'a appelée hier matin pour me dire ça. « Nina a inventé toute une histoire », a-t-elle chuchoté en enlevant ses lunettes et en se penchant par-dessus son bureau, comme si quelqu'un, là-haut, écoutait. « Elle ne fait jamais attention en classe, elle reste assise et elle dessine. Des paysages étranges, des cartes du ciel, des intérieurs de vaisseaux spatiaux. J'ai fini par demander aux autres enfants ce qui se passait. Ils m'ont raconté que Nina dit qu'elle attend que ses parents réels viennent la chercher. Elle dit qu'elle est un espion implanté ici, mais que bientôt un vaisseau va venir la chercher. »

J'ai fait le tour de la classe : les murs étaient couverts de dessins de voitures et de lapins, bref le monde vu par les enfants. Ceux de Nina sont à l'écart, de jolis paysages au crayon feutre. Pas de soleil pourpre avec des traits humains. Pas d'autoportrait saccadé, lugubre. Dans le courant de l'année, Nina a subi une rapide et violente puberté, une poitrine plus forte que la mienne lui a poussé, et des touffes de poils sous les bras. Les petites filles qui étaient ses amies se sont mises à l'éviter. La plupart des après-midi, maintenant, elle se tient dans un coin du terrain de jeux, les cheveux tirés en arrière par ses barrettes, le front luisant. Depuis peu, me dit Mrs. Tompkins, quelques filles à lunettes et possédant un vocabulaire étendu ont pris l'habitude, à la récréation, de s'agglutiner autour de Nina. Elles s'asseyent dans les copeaux d'écorce sous le toboggan, et elles écoutent Nina, comme on doit écouter un prophète, ses petits yeux agrandis par les verres de ses lunettes doivent leur donner l'impression qu'elle est une beauté à qui on fait subir le martyre.

« Peut-être faudrait-il l'adresser à un psychiatre », a suggéré Mrs. Tompkins. Elle est bon professeur, meilleure que la plupart de ses collègues. « Ça pourrait finir par être grave, a-t-elle ajouté.

— Je vais y réfléchir », ai-je répondu, mais je mentais. En plus, la psychiatrie, je connais ; ça vous prend ce que vous avez. Je pense que je ne pourrais pas supporter ce qui resterait de Nina une fois qu'on l'aurait débarrassée de son imagination.

Aujourd'hui Nina est assise dans un coin de la salle de détente. Elle est calme, mais je sais que ses yeux enregistrent tout. La femme aux boucles d'oreilles en forme d'éléphants parle à l'un des patients de la poésie comme telle.

Un peu plus tard je lui dis : « Vous savez, c'est invraisemblable qu'un homme comme Alden puisse écrire des poèmes. Il était programmateur en informatique. Il n'a jamais ouvert un livre de toute notre vie commune.

— Son travail témoigne d'un réel talent, me répond le professeur, cela me rappelle les esclaves enchaînés de Michel-Ange. Le côté brut fait ressortir sa sensibilité artistique. »

Elle me met dans les mains une liasse de feuilles polycopiées : quelques échantillons du travail du groupe, et elle ajoute : « Chacun de nous a besoin d'un moyen pour s'exprimer. »

Plus tard, assise sous le porche avec Alden, je parcours les poèmes. Ils sont bourrés d'expressions crues et ordurières – du genre de celles que mon frère employait quand il était amoureux d'une fille à l'école. Je me sens gênée. Pelotonnée dans un fauteuil roulant qui ne sert pas, Nina est en train de lire les *Chroniques de Narnia* pour la dix-septième fois. Il nous faudrait rentrer bientôt à la maison, mais j'ai peur de la nouvelle voiture. Je n'ai pas confiance dans les freins. Quand je l'ai achetée, j'ai essayé et réessayé les ceintures de sécurité.

« Dîner ? » demande Alden. Le mot le plus simple représente un véritable effort pour lui, je me le rappelle. Il nous faut avoir de la patience.

Je lui réponds : « Bientôt.

— Dîner. C'est tout... » Il lutte pour trouver le mot ; l'arcade soucilière est rouge, et le seul œil valide fixe le mur d'en face.

« ... de la merde. » Il continue à regarder le mur. Ses yeux sont dépourvus d'expression. Une fois de plus il souffle.

À côté, quelqu'un crie, mais nous y sommes habitués.

Ça fait un an aujourd'hui. C'était une journée normale. J'avais emmené Charles, mon fils, chez le dentiste. J'avais acheté un gigot pour mettre au congélateur. Il y avait des serviettes en papier, en solde. Tôt dans la soirée nous allions au restaurant, et Alden qui conduisait est passé à travers une palissade de l'autre côté d'un talus. Je me rappelle, je me rappellerai toujours la façon dont son corps a traversé le pare-brise, presque gracieusement, la façon dont le verre a volé en mille éclats étincelants. Un peu plus tôt, pendant la dispute, il avait dit que les ceintures de sécurité faisaient plus de mal que de bien, et j'avais bouclé la mienne par défi. Voilà pourquoi je suis encore là pour en parler.

Dans l'accident, j'ai eu la rate qui a éclaté et vingt-deux fractures. Alden ne peut plus se déplacer, il a perdu un œil et l'usage de la parole. Après une semaine de soins intensifs, on l'a emmené dans son hôpital, et on m'a laissé dans le mien. Au cours des six mois, trois semaines et cinq jours que j'ai passés là-bas, huit femmes ont défilé dans le lit d'à côté. La première était une petite femme d'un certain âge qui parlait à voix basse et gardait le rideau tiré entre nos lits. De temps en temps on lui amenait en fraude des enfants pour la voir ; ils passaient la tête le long de la tringle à rideaux pour m'observer jusqu'à ce qu'une main les tire en arrière, et une voix chuchotait avec force « Excusez-nous ». On me donnait des doses massives de calmants, les choses me semblaient présentes une minute et elles disparaissaient la minute suivante. Quand la vieille femme est partie, une autre a pris sa place. À un moment, pendant ces six mois, il est arrivé une mémère du Texas, qui suivait une chimiothérapie ; elle passait son temps à se mettre du fond de teint, encore et encore, jusqu'à en avoir la figure violette, comme si on l'avait rouée de coups.

Mon hôpital. Qu'est-ce qu'on peut dire d'un endroit dont on devient intoxiqué ? Qu'on le hait, et qu'en même temps on en a besoin. Pendant des semaines après ma sortie, j'ai supplié pour être hospitalisée de nouveau. Je me réveillais la nuit, perdue, en larmes, convaincue que le monde s'était arrêté et que j'étais le seul survivant qui restait sur Terre. J'appelais le service où j'avais été soignée. « Ça va aller, mon petit, me disaient les infirmières, ça n'est pas la peine de revenir, et en plus on vous a mise dehors. » J'avais très envie de tasses de Jell-O, j'avais envie de lumière allumée dans le couloir la nuit. J'avais envie qu'on me dise que six mois n'avaient pas passé, que tout ça n'avait effectivement été (comme j'en avais l'impression) qu'un seul instant démesurément étendu.

Pour compenser, je commençais à passer le plus de temps que je pouvais à l'hôpital d'Alden. L'infirmière en chef me fit une suggestion : tant qu'à être là toute la journée, autant faire quelque chose d'utile. Il y avait grand besoin de volontaires au sixième étage, l'étage des grands handicapés, des incurables. J'ai accepté d'y aller l'après-midi, m'imaginant faire la conversation avec des bambins de trois ans ou des vieux de soixante-dix. La femme avec laquelle j'ai travaillé de près avait été enceinte trois fois dans l'année. Son compagnon était un jeune garçon à la peau blanche qui ne cessait de baver et était incapable de tenir sa tête. Bien sûr, on l'avait fait avorter. Aucune des autorités médicales n'était disposée à demander des crédits pour la contraception, car cela aurait voulu dire qu'on était obligé d'admettre qu'il y avait un besoin de contraception. On ne pouvait pas les empêcher de copuler : ils se cachaient dans les buissons, dans le placard à balais. Ils ne pensaient qu'à faire l'amour, et passaient l'essentiel de leur temps à se chercher l'un l'autre. Quand on les enfermait dans des chambres séparées, ils n'arrêtaient pas de gratter à la porte en poussant des cris aigus.

La dernière grossesse avait été la pire : la femme voulait absolument garder le bébé, et, légalement, elle en avait le droit. Nora, mon contrôle, une infirmière bourrue et pleine d'expérience, n'était pas d'accord, elle soulignait le fait que cette femme n'avait pas la moindre idée de ce que signifiait « être enceinte ». Dans le cours du troisième mois, comme de juste, la femme se mit à crier et elle refusa de se calmer : quelque chose bougeait au-dedans d'elle, quelque chose qui, elle en avait peur, allait essayer de la tuer. L'amant n'était d'aucun secours. Il l'avait oubliée aussi facilement qu'il avait commencé son histoire avec elle, et s'était collé avec une naine qui souffrait d'un syndrome de Down et avait été transférée ici depuis Sonoma.

La femme a accepté un troisième avortement. Comme la grossesse était avancée, les choses ont été douloureuses et compliquées. Nora a hoché la tête et a dit : « Où va le monde ? », et puis elle est retournée travailler.

J'admire les femmes qui hochent la tête et disent : « Où va le monde ? » À cause d'elle, je l'espère bien, on s'arrêtera toujours avant d'en arriver au pire.

Moi aussi, à mon modeste niveau, j'ai aidé la Terre à tourner rond. Par exemple aujourd'hui, j'ai sorti Alden, je l'ai amené à la voiture, je l'ai fait asseoir sur le siège du conducteur, ce qu'il adore. Le vinyle bouillant lui brûle les cuisses. Je le calme. Je m'assieds sur le siège à côté, je mets la ceinture, lui tourne doucement le volant. À travers le pare-brise, il regarde les autres voitures dans le parking, il imagine, peut-être, un paysage qui se déroulerait devant lui à l'infini pendant qu'il conduit.

C'est la fin des heures de visite. Je ramène Alden du parking et lui dis au revoir en l'embrassant. Ces jours-ci il partage une chambre avec un jeune homme du nom de Joe, un vétéran du Vietnam enclin aux accidents de moto. À cause des greffes, sa figure a des morceaux de six ou sept couleurs différentes – surtout dans les beige – mais il peut parler, et depuis peu à nouveau sourire. Comme nous entrons, il dit : « Bonjour, jolie madame. Ça fait plaisir de voir une jolie dame par ici. »

Nina est assise dans le fauteuil roulant, elle lit. Elle boude quand nous disons au revoir à Alden, elle boude quand nous montons dans la voiture. Je suppose que je dois m'attendre à de la mauvaise humeur – par réaction en quelque sorte à ce qu'elle a vu l'an dernier. Nous passons chercher Charles qui a seize ans et emploie l'essentiel de son temps dans le « Old Computer Shoppe » – un immeuble écarlate en forme de prune qui rappelle la façon dont les années 50 imaginaient l'avenir. Charles est un prodige de l'informatique, un génie patenté, ce qui n'a rien d'extraordinaire dans notre communauté nourrie à l'ordinateur. Il a passé une sorte de marché avec le propriétaire de Computer Shoppe, et il n'aime pas en parler. Ça comprend l'élément magique appelé software. Il utilise le terminal de Shoppe, et en échange il donne au propriétaire une part de ses bénéfices, qui sont confortables. Tous les jours des chèques arrivent – de Porto Rico, du Texas, de New York. Il les dépose à la banque, sur un compte à lui. Il dit qu'en un an il aura mis de côté de quoi se payer l'université tout seul, je ne peux pas m'empêcher d'apprécier.

L'autre jour je lui ai demandé de bien vouloir m'expliquer, en bon anglais, ce qu'est exactement ce qu'il fait. Il était assis dans ma cuisine en compagnie de Stuart Beckman, un garçon rondouillard, avec une sorte de duvet sur la lèvre qui dénote un refus déterminé de commencer à se raser. Stuart est le maître du donjon, dans le cadre de ces jeux médiévaux compliqués que les amis de Charles disputent le mardi soir. Charles, lui, est Galadrian, un modeste guerrier-lutin, avec un minimum de points d'expérience. Il me répond : « Eh bien, disons que c'est une étape vers le grand âge informatique où on n'aura plus besoin de maîtres du donjon. Une machine créera pour nous un monde entier dans lequel on pourra être transporté. On vivra à l'intérieur – un jour, un an, une vie entière – et on vivra les aventures que la machine fabriquera pour nous. On en est au début d'un énorme pas en avant – l'imagination artificielle. Inutile de te dire que les possibilités sont infinies.

— C'est toi qui as inventé ça ? » ai-je demandé, tout à coup gonflée d'orgueil comme la Déesse mère.

« Le projet, bien sûr, est encore embryonnaire, a continué Charles, mais nous y allons. Peut-être dans cinquante ans ? Qui sait ? »

Charles est en colère quand nous rentrons à la maison. Il examine, l'air furibard, un énorme paquet de papier vert imprimé. En se dépliant, le papier vole dans les cheveux de Nina, mais elle n'y fait pas attention. Elle appuie son visage sur la vitre si fort que son nez et ses lèvres sont aplatis.

Je pense à commencer une conversation, mais, moi aussi, comme nous entrons dans l'allée, je ressens un besoin de silence. La maison est sombre et peu accueillante ce soir, comme si elle se défiait de nous. Dès que nous sommes entrés, Charles disparaît dans sa chambre et dans son monde intérieur. Nina s'assied à la table de la cuisine avec moi, le temps de terminer son livre. C'est le dernier de la série des Narnia, et quand elle le referme on lit sur sa figure le désappointement de quelqu'un qui espérait que ça ne finirait jamais. Le mois dernier elle a adhéré au « Marathon de lecture » de la bibliothèque locale. Des voisins ont accepté de verser à l'UNICEF quelques dollars pour chaque livre qu'elle lit ; ils ne pouvaient pas savoir qu'elle en lirait cinquante-neuf.

J'ai du mal à la regarder. Elle est renfrognée, elle n'est pas jolie. Ma mère disait : c'est une chose d'être vilain, c'en est une autre de l'accepter. Tout de même ça doit être difficile de se sentir trahi par son propre corps. Les cellules se divisent, les hormones sont en pleine expansion ; Nina n'a aucun contrôle sur le rythme auquel ça se passe, et encore moins sur les effets. La première fois où elle a eu ses règles, elle a pleuré, non pas de crainte mais parce qu'elle avait peur d'avoir attrapé la maladie qui fait vieillir les enfants prématurément. Nous avions vu des photos d'eux, des enfants de quatre ans tout ratatinés, tout chenus, la peau flasque et ridée, les dents gâtées déjà. Je lui ai assuré qu'elle n'avait pas cette maladie, qu'elle était tout simplement en avance, comme d'habitude. Dans quelques années, lui ai-je dit, ses amies l'auraient rattrapée.

La voici debout maintenant, maladroite, comme si elle voulait garder ses distances y compris par rapport à elle-même. Vraiment la laideur est une trahison. Tout à coup il n'y a plus rien sur Terre à quoi se fier ; son corps ne fait plus partie d'elle-même, c'est un ennemi.

« Papa était content de te voir aujourd'hui, Nina.

— Bien.

— Tu veux quelque chose ? »

Elle continue à ne pas me regarder. « Non. Rien. »

Plus tard dans la soirée, ma mère m'appelle pour me parler de son nouveau téléphone sans fil. « Je peux faire le tour de la maison avec. Par exemple, en ce moment, je suis dans la cuisine, mais je vais à la salle de bains. » Ma mère croit aux chroniques du Nouvel An, et aux forces du destin. Ce soir, elle parle d'un de ses voisins, Mr. Garvey, politicien local qui vient d'être arrêté. Personne ne sait les détails du scandale ; Mère a entendu dire quelque part que les garçons impliqués étaient jeunes, plus jeunes que Charles. « Sa femme continue, elle fait son jardin comme si de rien n'était. Bien sûr nous ne disons rien. Et quoi dire ? Elle sait parfaitement que nous évitons le sujet. Sa maison est toujours aussi propre. Je l'ai même vu, *lui*, l'autre jour. Il portait un sweater noir, exactement le même que ton père. Il m'a dit que c'était la première fois de sa vie qu'il se reposait et passait tout son temps à jouer au golf et à jardiner. Elle n'a pas l'air à l'aise, si tu veux mon avis. À ton âge, je me serais demandé comment une femme pourrait survivre à quelque chose de ce genre, mais maintenant ça ne me surprend pas de le lui voir faire. Tout de même, je trouve ça choquant. Il avait tellement l'air d'un bon père de famille.

— Elle devait être au courant, je réponds, ça devait être un secret entre eux depuis des années.

— Le secret n'est pas une base sur laquelle on puisse fonder un mariage. Pas dans son cas. Ni dans le tien d'ailleurs. »

Elle s'est mise en tête depuis peu qu'il y a une sorte d'horrible secret entre Alden et moi. Je lui ai dit que nous avions eu une dispute le soir de l'accident mais sans lui préciser à quel sujet. Ce n'est pas que la vérité ait été épouvantable à dire, au contraire le sujet de la dispute était banal. D'une banalité consternante. Nous sortions dîner, j'avais envie d'un restaurant chinois, Alden voulait essayer un restaurant italien écologique dont lui avait parlé un collègue de bureau. Il y a toujours eu chez nous de nombreuses batailles à propos de restaurants. Plus d'une fois, avec nous quatre entassés dans la voiture, Alden s'arrêtait sur le bas-côté et disait : « Je ne vais pas conduire dans un pareil chaos. » Les discussions sur l'endroit où dîner se terminaient d'habitude par des larmes et des retours brusques à la maison. Les enfants couraient dans leur chambre en hurlant et nous finissions la soirée autour d'une boîte de thon.

Maman est persuadée que j'ai une liaison. « Alden est toujours un homme, me dit-elle, avec des besoins d'homme. »

Nous parlons depuis si longtemps que j'en ai l'écouteur qui me colle à l'oreille. « Maman, je t'en prie, ne t'inquiète pas. Je ne me sens pas en forme pour ça. »

Elle ne rit même pas. « Je regarde Mrs. Garvey, et je suis émue. Une telle force de caractère. Tu pourrais prendre exemple sur elle. Avant de raccrocher, je voudrais te parler de quelque chose que j'ai lu, si tu veux bien. »

Ma mère adore transmettre des informations et elle m'a élevée dans cette tradition. Nous n'arrêtons pas de raconter encore et encore les intrigues des films, de répéter d'un ton péremptoire les statistiques que nous avons entendues au journal télévisé, « Et qu'est-ce que tu as lu, Mère ?

— Il y a un homme qui étudie l'Holocauste. Il a construit un diagramme. Sur un axe il y a "satisfaction/désespoir", sur l'autre il y a "réussite/échec". Ça veut dire qu'il existe quatre sortes de gens – ceux qui sont satisfaits dans le succès, on peut les comprendre ; ceux qui se désespèrent même s'ils réussissent, comme tant de gens que nous connaissons ; ceux qui se désespèrent parce qu'ils échouent. Il existe une quatrième sorte : les gens qui sont satisfaits d'avoir échoué, qui n'ont pas besoin d'espoir pour vivre. Tu sais qui sont ces gens-là ?

— Qui c'est ? »

Ma mère répond : « Ces gens-là, ce sont ceux qui ont survécu. »

Il y a un long silence, volontaire. Puis : « Je voulais te dire que maintenant je suis dehors, sous le porche de derrière. Je peux aller jusqu'à deux cents mètres de la maison. »

Il n'y a pas longtemps, je me suis remise à penser souvent à quelque chose d'horrible que j'ai fait quand j'étais enfant – quelque chose qu'en fait ni elle ni moi n'avons résolu. J'avais six ans. Un jour à l'école, ma sœur aînée Mary Elise m'a demandé de dire à Mère qu'elle allait passer l'après-midi chez une amie à jouer avec une nouvelle poupée Barbie. J'étais en colère contre Mère ce jour-là, et jalouse de Mary Elise. Quand je suis rentrée à la maison, Mère donnait à manger au chat et sans même me dire bonjour (elle était en colère contre moi, je ne sais plus pourquoi) elle me dit de sortir la poubelle. J'étais en rage contre elle et contre ma sœur, qu'elle préférait, j'en étais sûre. Alors il me vint une idée horrible, je déclarai : « Mère. Il faut que je te dise quelque chose. » Elle se retourna. Son regard d'habitude distrait était tout à coup fixé sur moi. Je compris qu'il ne me restait plus qu'à finir ce que j'avais commencé. J'ai dit : « Mary Elise est morte. Elle est tombée du portique et elle s'est ouvert la tête. »

D'abord elle m'a regardée, la bouche ouverte. Et puis, je me le rappelle distinctement, ses yeux sont allés dans deux directions différentes. Pendant un instant très court, la fragilité de tout – la maison, ma vie, le monde entier – m'apparut et d'un coup d'œil je vis avec quelle facilité ce fragile tissu pouvait se déchirer.

Mère commença à me secouer. Elle faisait des bruits, mais elle était incapable de parler. À l'instant même où je disais ces mots horribles je me mis à pleurer ; j'étais sans voix pour lui dire la vérité. Elle continuait à me secouer. À la fin je suis arrivée à hoqueter : « Ce n'est pas vrai. Ce n'est pas vrai. C'est un mensonge. » Elle s'est arrêtée de me secouer, m'a soulevée en l'air. J'ai fermé les yeux et j'ai retenu ma respiration, j'imaginais qu'elle allait m'écraser par terre. Elle a dit, dans un souffle : « Tu es un monstre. Petite salope », entre ses dents serrées. Elle avait la figure tordue et ses yeux étincelaient. Elle me serra violemment contre elle, puis elle me jeta sur ses genoux et commença à me donner la fessée. « Tu es un monstre. Tu es un monstre. » Elle criait entre les coups : « Ne me fais plus jamais peur comme ça. Ne me fais plus jamais peur comme ça. »

Le temps que Mary Elise rentre à la maison, le calme était revenu, Mère m'avait fait jurer de ne jamais lui parler de ce qui était arrivé, et je l'ai fait. Il y a eu entre nous une connivence, par la suite, peut-être avions-nous un secret. C'est ce qui nous a liées l'une à l'autre bien plus étroitement que chacune de nous ne l'est à Mary Elise, qui a épousé un avocat et est partie pour Hawaii.

Si je ne peux oublier cet incident, c'est que une seconde fois depuis, j'ai vu avec quelle facilité l'apocalypse peut arriver : l'expression des yeux d'Alden juste avant l'accident, c'est une expression que je connaissais déjà.

« On me dit que tu viens d'une autre planète », ai-je dit à Nina après le dîner.

Elle n'a pas un battement de paupières. « Je pensais que tu t'en apercevrais tôt ou tard, Mère, tu peux comprendre que je n'aie pas voulu te faire de peine, n'est-ce pas ? »

Je m'attendais à des confidences, à des larmes. La franchise de Nina me surprend. J'essaie de prendre un ton d'autorité maternelle : « Nina, raconte-moi ce qui se passe. »

Elle sourit. « Au quatrième millénaire, alors qu'on s'y attendait le moins, les armées de Brolian attaquèrent la cité de Landruz sur la planète Abdur. L'anarchie se répandit partout. Des monstres stellaires s'échappèrent du zoo. Il devint vite évident que la communauté ne survivrait pas à l'attaque. Izmul, le père des générations, courut vers son vaisseau spatial. C'était le seul dans toute la cité. Des hordes se rassemblèrent pour monter à bord, pour échapper à la catastrophe et aux monstres stellaires. Mais à peine une centaine y parvinrent. Les autres s'accrochaient aux parois du vaisseau lorsqu'il décolla et ils furent projetés au loin sur la planète par ses tuyères. Le vaisseau spatial sortit de l'atmosphère au moment exact où la bombe explosa. Une centaine d'individus furent emportés dans l'espace. Les survivants parvinrent à se poser sur une petite planète, Dandrill, et ils s'y établirent. Voilà d'où je viens. »

Elle parle comme un oracle, et pas le moins du monde comme un être à qui j'aurais pu donner naissance. « Nina, c'est moi, ton origine. »

Elle secoue la tête. « Je suis un observateur. Il a été décidé que je naîtrais sous une forme terrienne pour pouvoir observer votre planète et rassembler des connaissances pour reconstruire notre monde. J'ai été implantée dans ton utérus pendant que tu dormais. Tu ne peux pas te rappeler la conception.

— Je me rappelle exactement quelle nuit. Papa et moi, nous étions à San Luis Obispo pour un congrès. »

Nina se met à rire. « C'est arrivé pendant que tu dormais. Un rayon invisible. Tu n'as rien senti. »

Qu'est-ce que je peux répondre à ça ? Je m'appuie contre le dossier et j'essaie de regarder en elle. Elle ne me regarde même pas. Elle a les yeux fixés sur une tache verte au-dehors, dans la nuit.

« J'ai reçu des messages télépathiques. Mon peuple va venir d'un instant à l'autre pour me ramener enfin dans ma patrie. Tu as bien rempli ton rôle pour cette enveloppe terrienne, Mère. Pour cela je te remercie. Mais tu dois comprendre, et renoncer à moi. Mon peuple est en train d'édifier une nouvelle civilisation sur Dandrill. Je dois y aller et les aider.

— Je comprends. »

Elle me regarde ironiquement. « C'est bien, Mère, bien que tu acceptes. » Elle vient vers moi et m'embrasse sur la joue. J'ai envie de l'attraper comme une mère attrape son enfant – par les épaules, par la peau du cou ; envie de faire céder sa volonté, de lui donner la fessée, de la serrer dans mes bras.

Mais je n'en fais rien. Avec l'air de quelqu'un qui vient a l'instant d'apprendre son salut, l'enveloppe terrienne que j'appelle Nina passe la porte-moustiquaire, pour s'asseoir sous le porche et attendre ses origines.

Mère m'appelle encore une fois ce matin. « Je suis dans le jardin à regarder les petits pois. Et maintenant je me dirige vers l'ouest, du côté des azalées. »

Elle prépare ses chroniques de Noël et souhaite des informations sur la famille de mon côté. Je lui réponds : « Mère, nous sommes en mars. Noël est dans des mois. » Elle reste impassible. Depuis peu, ce travail de mise en fiches a pris une importance énorme dans sa vie ; il lui faut conserver de plus en plus de choses.

« Je me demande ce que les Garvey vont bien pouvoir écrire cette année. Tu sais je me demande ce qu'on peut bien dire sur quelque chose comme ça. Mon Dieu ! Il est là, Mr. Garvey, en train de parler au porteur de journaux. Oui, quand j'y pense, il y a eu des indices depuis le début. Je lui fais bonjour. Lui aussi. Tu te rappelles comme il s'intéressait au fils Shepard, la bourse qu'il lui a fait avoir et tout et tout ? Qu'est-ce que ce serait si tout était étalé dans les journaux ? Ce serait gênant à lire. »

Pendant que nous parlons, je regarde Nina assise dans le jardin, la fontaine coule et elle relit *The Lion, the Witch and the Wardrobe*. Toutes les cinq minutes, elle regarde le ciel, juste pour vérifier, puis elle revient à son livre. Elle semble paisible.

« Qu'est-ce que je vais bien pouvoir dire sur ta famille cette année ? » demande Mère. J'aimerais bien savoir quoi lui répondre. Certainement rien qui puisse être tapé sur un papier mauve et décoré avec des guirlandes de houx dessinées à la plume. Et pourtant, quand je les relis, ces vieilles lettres, elles ont un pouvoir terrible, brutal, chacune si inconsciente des fêtes et des catastrophes que la lettre suivante aura enregistrées. Où serons-nous dans un an ? Qu'est-ce qui sera arrivé ? Peut-être Mère ne sera-t-elle pas là pour noter les événements ; peut-être ne serai-je pas là pour les lire ?

« Tu peux parler de Charles, je lui suggère, raconter qu'il est en train d'inventer une imagination artificielle.

— Maintenant, je dois être à au moins deux cents mètres de la maison. Tu arrives a m'entendre ? »

Sa voix est brouillée par les craquements des parasites, mais on l'entend encore.

« Je continue à marcher. Je continue à marcher jusqu'à ce que je sois hors de portée. »

Cette nuit-là, à San Louis Obispo, Alden – se peut-il que tu t'en souviennes ? Charles se débrouillait déjà tout seul à l'époque, il dormait tranquillement dans la petite chambre loin de la nôtre. Nous avions projeté de faire un enfant cette nuit-là, et je me rappelle que j'étais sûre que cela allait arriver. Peut-être était-ce la nuit scintillante au-dehors de la chambre d'hôtel, ou la pluie légère, ou la chaleur ? Peut-être était-ce le genre de nuit où les vaisseaux spatiaux atterrissent, où les êtres venus d'ailleurs rôdent, fascinés par tout ce qui pour nous va de soi.

Il y a aussi des anniversaires qu'il n'est pas si facile de célébrer. Celui-ci, par exemple : il y a un an, nous sommes presque morts. Si je pouvais t'atteindre, Alden, dans ton monde fermé derrière tes yeux, je te poserais une question : pourquoi as-tu quitté la route ? Est-ce que tu as eu l'idée, la tentation subite de nous détruire tous les deux, sans raison ? Ou bien, est-ce que tu as espéré que la voiture aurait des ailes, des réacteurs, qu'elle décollerait dans l'atmosphère et nous propulserait en une fraction de seconde, toi, nous, hors du monde ?

Je viens te voir après déjeuner. Joe ne prend pas la peine de dire bonjour, et toi, même quand je t'embrasse sur le front, tu choisis toi aussi de ne pas parler. Je demande : « Pourquoi aussi maussades ? Encore des miettes d'œuf déshydraté au petit déjeuner ? »

Tu tends le bras vers le tiroir à côté de ton lit et prends une clé. Je t'aide à sortir, dans ton peignoir, à travers le corridor. Il ne faut pas faire de bruit. À un moment où les infirmières ne regardent pas, vite, je nous pousse dans une petite pièce où on range les draps et les blouses de l'hôpital. Je ferme la porte à clé, j'allume la lumière.

Nous faisons un lit avec des draps à même le sol. Nous nous déshabillons ; et alors, Alden, je commence à faire l'amour avec toi – toi sur moi, gauche et rapide comme un adolescent. J'essaie de te ralentir, de te guider dans les raffinements de l'amour comme une mère apprend à marcher à son enfant. Après tout, il faut aussi que tu réapprennes ce langage.

Couchée là, clouée sous toi, il me vient une pensée de reconnaissance, pour cette pesanteur, pour le fait qu'une année a passé et que la planète n'a pas encore quitté son orbite tremblante. En tout cas, nous nous tenons l'un l'autre attachés au sol.

Tu me regardes dans les yeux. Tes lèvres s'arrondissent pour former un mot que je ne connais pas, ton front rougit et se couvre de sueur. « Quoi ? Alden, qu'est-ce que tu cherches à me dire ? Réfléchis une minute. » Tes lèvres remuent sans but. Une larme, absolument indépendante de toute volonté, sort de ton œil aveugle et serpente le long d'une crevasse de ta peau.

Je regarde ton œil perdu. Il est d'un blanc laiteux, veiné de stries bleues et grises ; il n'y a pas de pupille. C'est comme notre fille, Alden, cet œil n'a rien à faire avec aucun de nous. J'ai envie de te dire qu'il ressemble à la planète Dandrill, telle que je l'imagine de temps en temps – une vilaine petite planète où, en ce moment même, pendant qu'elle attend dans le jardin, le peuple de Nina revient à la vie.

Danny en transit

Greg et Jeff, les cousins de Danny, jouent à se lancer la balle. De l'un à l'autre, la balle décrit une courbe au-dessus de la pelouse et retombe au creux de chaque gant avec un son mat et doux, puis s'envole de nouveau. On dirait qu'ils ne font rien d'autre que placer leur gant sur son trajet ; elle ne se déplace que de sa propre volonté.

Sur le plongeoir, Danny est allongé à plat ventre, bras et jambes pendants. Il regarde la balle. Toutes les dix secondes, il tend la main, ses doigts frôlent la surface de la piscine. Il essaie de se représenter comment le monde s'élargit à partir de l'endroit où il est étendu, le Paper Palace, l'endroit où il vivait avant, puis les Amboys, Amboy Perth et Amboy South. Puis Elizabeth. Puis New York West. Puis New York, et Long Island, et l'Italie. Il écoute le chuintement de l'air lorsque la balle passe, comme si elle était doucement avalée. Il écoute la voix de ses cousins. En même temps il se plaque au plongeoir, il se concentre pour essayer de décoller, en imaginant que cela va l'emmener loin de ce jardin. Mais le son continue, et lui ne va nulle part.

L'immense jardin est baigné de cette lumière frileuse du New Jersey, élégante comme si elle était réfléchie par la surface d'une perle. Carol et Nick, sa tante et son oncle, boivent du jus de tomate sous un parasol. Tout près, mais à l'écart, Elaine, la mère de Danny, a les yeux perdus dans le vague, les lèvres entrouvertes, la bouche immobile ; ses yeux, passivement, enregistrent. Entre eux, il n'y a qu'une assiette de fromages.

« Elaine, nous sommes allés dans un nouveau restaurant », dit Carol tout en se frottant du Noxzema entre les paumes, « de la cuisine thaïlandaise, sauce aux cacahuètes, et… oh ! pas la peine d'en parler…

— Bien tendu, les gars, avec une bonne action du poignet, rappelez-vous ça, c'est la clé de tout », lance Nick à ses fils, qui portent tous les deux un tee-shirt avec écrit dessus Coca-Cola en caractères arabes.

« Qu'est-ce que je peux faire ? demande Carol.

— Elle ne veut pas parler. Je ne vois pas pourquoi on la forcerait », et Nick se retourne une fois de plus pour admirer sa progéniture.

« Greg, Jeff, mes chéris, pourquoi ne faites-vous pas jouer Danny avec vous ? » crie Carol à ses fils.

Eux, qui connaissent trop bien Danny pour prendre l'invitation au sérieux, continuent à lancer. « Allons, Danny, continue Carol, ça ne te ferait pas plaisir de jouer ?

— Non, non, non, non, non », répond Danny. Il rugit, mais il presse si fort sa bouche contre le plongeoir qu'il en sort tout juste un miaulement enroué. Danny n'a aucun mal à éclater ainsi. Il a l'habitude de pousser des cris, d'éclater en sanglots, en crises hystériques à la moindre occasion.

Nick jette à Carol un regard las. « Ça y est, tu as réussi. » Danny abandonne le plongeoir et court vers la maison.

Carol soupire, prend un Kleenex et se tamponne les yeux. Nick regarde Elaine, dont l'expression est demeurée inchangée : « C'est ton fils…

— Quoi ? » répond Elaine en portant la main à son visage, comme quelqu'un qui s'éveille d'un rêve.

Carol se prend la tête entre les mains.

Belle, la grand-mère de Danny, est dans la cuisine. Tout en préparant le déjeuner, elle tâche de débarrasser le chien de ses boules de graines piquantes. Au moment où Danny passe en courant, elle lui crie : « Danny ! Qu'est-ce qui ne va pas ? » mais Danny ne répond pas, il vole vers le fond de la cuisine, vers sa chambre. Une fois là, il plonge dans le grand lit rose, avec son élégant couvre-lit plissé et ses coussins couverts de dentelles ; il respire l'odeur du linge propre. Autrefois c'était la chambre de la bonne, maintenant c'est la chambre de Belle, elle est devenue la sienne depuis son veuvage, elle est pleine des photos de quatre générations de retrievers labradors, champions de concours. Quand Danny est arrivé, il avait été prévu qu'il partagerait la chambre de Greg et Jeff, mais il a poussé de tels cris que Belle épuisée lui a dit qu'il pouvait prendre sa chambre, et qu'elle irait dormir avec ses autres petits-fils – au moins pour un temps. Voilà deux mois de cela, et Danny n'a pas cédé.

Belle enlève de son pantalon les boules de piquants. « Je viens, Danny », dit-elle. Il enfouit sa figure dans l'oreiller et il appuie. Il sait d'expérience qu'en faisant ça, il arrive à se faire pleurer, même lorsqu'il se sent heureux. Le truc consiste à serrer les paupières jusqu'à faire sortir quelques gouttes d'eau. Et ça ne manque pas d'arriver.

Danny sent une haleine tiède sur ses cheveux, et la douce présence d'un corps à côté du sien sur le lit. En rampant, Belle est parvenue jusqu'à lui, le lit grince et il sent sa bouche humide tout à côté de son oreille. « Qu'est-ce qui ne va pas, mon petit chéri ? » chuchote-t-elle, mais il ne répond pas – il se contente de gémir dans son oreiller.

Belle se lève tout d'un coup, elle soupire : « Oh ! Danny, tout serait tellement plus facile si tu y mettais un peu du tien ! Qu'est-ce qui est arrivé au Danny d'autrefois, celui que j'ai connu ? Tu te rends compte à quel point tout le monde serait plus heureux si seulement tu acceptais d'être heureux toi-même ? »

Danny répond : « Je hais le base-ball. »

Danny est fils unique ; on dirait la parfaite combinaison de ses deux parents. Il a les yeux bleus et ronds, comme sa mère, la bouche petite et boudeuse, comme son père, et ses cheveux bruns bouclés sont à mi-chemin entre Elaine qui est rousse et très frisée, et Allen qui, lui, a le cheveu noir, raide et épais. Dans son enfance, Danny n'a pas souvent vu ses parents ensemble, aussi ne sait-il pas à quel point il leur ressemble. Il se rappelle que son père rentrait du travail et lui interdisait de le déranger. À cette époque, Allen croyait que, quand un homme revient à la maison le soir, il mérite qu'on lui laisse du temps seul avec sa femme, en récompense de son travail. Tous les soirs, Elaine dînait deux fois – de spaghetti Os ou de Tater Tots à six heures avec Danny, puis, plus tard, quand Danny était couché, un repas plus élaboré et romantique, aux chandelles, avec Allen. Au cours du premier repas, il lui arrivait souvent de parler du second avec Danny. « Ton père est très exigeant, lui dit-elle une fois avec fierté, il a des idées très arrêtées sur ce qu'une épouse doit être. Ce soir, je fais un poulet cacciatore. » Danny sait aujourd'hui qu'ils devaient être bien jeunes, sa mère et lui, quand elle a dit ces mots, car il se rappelle le ton à la fois rêveur et lent dont elle a prononcé « cacciatore », comme s'il s'agissait d'une incantation magique.

Il arrivait parfois, avant qu'Elaine couche Danny, qu'Allen le prenne dans ses bras et le fasse tournoyer en imitant le bruit d'un avion. Puis Danny allait au lit. Par une fente de la porte de sa chambre, il pouvait voir vaciller les bougies.

En grandissant, Danny apprit à mieux connaître sa mère. Quand il avait six ou sept ans, elle perdit son ardeur pour les dîners. « Je n'y arrive pas, Danny, avait-elle grommelé, je n'arrive pas à m'occuper d'un enfant. Je ne suis pas faite pour ça. » Danny pensait à sa façon de persister à écrire DANNY G. sur son sac de pique-nique (et elle allait continuer à l'écrire ainsi, même après le passage à la grande école, où seuls importent les noms de famille). Il pensait à sa façon de préparer son déjeuner, chaque jour : un sandwich au beurre de cacahuète, une pomme, un sachet de feuilletés au fromage, une serviette en papier. Les dîners aux chandelles cessèrent et Danny, qui n'avait jamais assisté à aucun d'eux, fut sans doute plus privé de ce rite que ses parents eux-mêmes. Ils mangèrent alors tous les trois ensemble, d'ordinaire en silence. À l'époque, Elaine avait une sorte de manie : elle fixait Allen d'un œil sombre, lorsque celui-ci ne la regardait pas. Danny se rappelle les regards anxieux d'Allen quand, tournant la tête, il surprenait le visage interrogateur d'Elaine. Puis elle changeait de figure, et de sujet. Quand il y repense, Danny comprend que son père essayait de deviner jusqu'à quel point elle savait déjà. « Je voulais encore effacer mes traces, a dit Allen à son fils tout récemment, je savais que ça ne servait à rien. Je savais que je ne reviendrais pas en arrière. Et pourtant j'effaçais mes traces. Ça devient machinal quand on l'a fait toute sa vie. »

Une fois, la mère de Danny ne vint pas le chercher à la garderie. Le soir tombait, il était le dernier. La monitrice était restée avec lui et commençait à montrer des signes d'impatience. En voyant le ciel devenir sombre, Danny sentait plus de gêne que de crainte. Il redoutait qu'on ne juge mal Elaine, qu'on ne la prenne pour une mère négligente, ce qu'en elle-même elle était persuadée d'être, et ce que lui savait qu'elle n'était pas.

Il dit un mensonge. « Oh ! j'avais oublié. Elle a un rendez-vous chez le docteur, elle m'a dit de vous demander que vous me rameniez à la maison.

— Te ramener à la maison ? Pourquoi est-ce qu'elle ne t'a pas donné un mot ?

— J'imagine qu'elle a pensé que vous accepteriez. »

La monitrice le regarda, perplexe, avec un début de commisération. Peut-être allait-elle appeler l'assistante sociale ? Peut-être quelqu'un allait-il l'emmener loin de chez lui ? Mais il n'arriva rien de tout ça ; elle le reconduisit simplement à la maison. Sa mère ne donna aucune explication, mais elle n'oublia plus jamais de venir le chercher. Danny fut soulagé, il avait eu peur qu'elle ne s'effondre en sanglots et qu'elle ne dise à la monitrice : « Je ne suis pas faite pour être une mère. Emmenez-le. »

Cahin-caha, l'hiver passa. Un soir, à table, quelques jours avant les vacances de Pâques, Elaine se leva soudain et dit : « Tout ça, c'est de la frime », puis elle se rassit et continua de manger. Allen la regarda, regarda Danny, regarda son assiette. Quelques soirs plus tard, Elaine attrapa le couvercle d'un sucrier en céramique que Danny lui avait fait pour Noël, et le lança à toute volée sur Allen. Elle le manqua, le couvercle alla éclater en morceaux contre la porte du réfrigérateur. Danny sauta en l'air en refoulant ses larmes.

« Tu vois ce que je suis capable de faire, tu vois à quoi tu m'as amenée ? »

Allen ne répondit pas. Posément il enfila son veston et, sans un mot, il sortit par la porte de la cuisine. Le soir suivant, il n'était pas là pour dîner. Quand Danny demanda à Elaine où il était allé, elle laissa tomber sa fourchette et commença à pleurer. « Danny, il y a eu plein de mensonges dans cette maison », répondit-elle.

Le lendemain était le premier lundi des vacances : quand Danny rentra à midi, sa mère était encore au lit.

« Ne t'inquiète pas, Danny, j'ai juste décidé de prendre un jour de congé. De rester couchée toute la journée, puisque je ne l'ai encore jamais fait. Ne t'occupe pas de moi. Va, continue à jouer. »

Danny obéit. Ce soir-là, quand il rentra chez lui à la nuit tombante, Elaine était endormie – dans sa chambre, la lumière était éteinte. Il eut peur, et il laissa la lumière allumée dans la maison quand il alla se coucher. Le matin suivant il comprit que son père était parti pour de bon. Quand il poussa doucement la porte, sa mère était seule dans son lit. « Aujourd'hui encore, je ne me lève pas. Ça va, mon petit ? Tu peux aller dîner chez les Kravitz ? »

Danny lui demanda : « Tu veux manger quelque chose ?

— Non, je n'ai pas faim. Ne t'inquiète pas pour moi. »

Danny avait donc dîné chez les Kravitz. Plus tard, en rentrant à la maison, il l'avait entendue pleurer, mais *Star Trek* avait étouffé le bruit.

Pendant une semaine, tous les soirs, il était venu sur le pas de sa porte lui demander si elle avait envie de se lever ou si elle voulait manger quelque chose. Il achetait des spaghetti Os et des Doritos avec l'argent qu'il avait trouvé dans un pot au fond du placard, une réserve secrète. Il ne demanda jamais où était son père. Elle n'ouvrait pas les fenêtres – sa chambre sentait le renfermé et restait plongée, même le matin, dans cette pénombre de cinq heures du soir, qui est plus noire que la nuit et où presque tous les accidents de voiture se produisent. « Laisse-moi seule, disait sa voix dans le noir, je suis fatiguée. Pour l'amour de Dieu, laisse-moi dormir. Va jouer, occupe-toi. »

Alors il refermait la porte, se faisait une soupe en boîte et, ce qui était défendu, regardait la télé toute la nuit – des variétés, des films policiers, des rediffusions après onze heures. Elaine autrefois avait consenti à trois heures de télé par jour ; quand elle revenait de faire les courses, elle posait la main sur le poste pour voir s'il était chaud, si Danny n'avait pas triché. Mais à présent il n'y avait plus de règles.

Le premier jour d'école – une semaine après qu'Elaine s'était mise au lit – Danny fut réveillé par des cris. Il courut à sa chambre et la trouva assise sur son lit que rayaient des bandes lumineuses. Elle avait tiré les rideaux et le soleil cru du matin, passant à travers les persiennes, découpait son visage, ses cheveux sales tout emmêlés, sa chemise de nuit qui lui tombait des épaules. Elle était assise et elle hurlait, hurlait encore, Danny courut vers elle : « Qu'est-ce qu'il y a ? Qu'est-ce qu'il y a ? »

Elle attrapa ses cheveux et commença à tirer dessus, à grincer des dents, à gémir, s'effondra en larmes sur le lit, puis, se retournant vers Danny, cria : « Je ne peux pas changer ! Tu vois bien, j'ai beau faire, je ne peux pas changer. »

Danny alla chercher Mrs. Kravitz. Celle-ci sortit Elaine de son lit, la fit marcher autour de la grande pièce. Elle disait : « Une, deux, trois, allons, allons, Danny, tu veux bien aller à la salle de bains me chercher les tubes de comprimés vides, mon petit, ta maman va aller mieux. »

Danny ne trouva pas un seul tube vide. Quand il ressortit de la salle de bains, il y avait des infirmiers dans la cuisine, avec un brancard. « Je ne tiens pas debout, disait Elaine à Mrs. Kravitz, je vais me trouver mal.

— Allongez-vous là, là, c'est bien », dit Mrs. Kravitz. Danny se rappela que c'était le premier jour d'école, et il se demanda s'il devait ou non aller en classe, mais il regarda la pendule, et il vit qu'il était déjà huit heures. L'école venait de commencer.

Danny dormit chez les Kravitz et, le lendemain, il vint chez Nick et Carol. C'était dans un district scolaire différent, mais personne ne parla d'école. Ce soir-là, quand ses cousins voulurent regarder à la télé un autre programme que lui, Danny eut sa première crise.

Quelques jours plus tard, il était en train de manger des céréales à la cuisine quand son père arriva. Danny ne dit pas bonjour. Il continua de porter à sa bouche la cuillerée de lait, bien qu'il n'y eût plus de céréales. Belle, qui était en train de faire cuire des crêpes, éteignit le gaz et se glissa doucement hors de la pièce. Allen s'assit en face de Danny, une tasse de café à la main. Ses cheveux étaient coupés autrement, très court, et il avait une barbe de trois jours.

« Je sais que tu m'en veux, je sais que tu te demandes où je suis allé, et pourquoi ta mère est tombée malade. Je ne sais pas par où commencer, je ne m'attends pas que tu me pardonnes tout de suite, mais je souhaite que tu m'écoutes. Tu veux bien ? Je sais que tu as des questions à me poser et je suis prêt à y répondre. Donne-moi une chance. »

Danny regarda son père et ne répondit rien.

Le week-end, Danny rendait visite à son père en ville. Allen vivait avec un homme, Greg, dans un appartement à Greenwich Village, et, bien qu'il eût abandonné son emploi d'agent de change, il continuait à vivre de ses placements. Tous les samedis, Danny montait dans le train, il voyait défiler les enseignes des fast-food autour de la gare, puis les Amboys pleins de vase, puis les alignements de maisons à Elizabeth. Allen l'emmenait dans les musées, au cinéma, au restaurant. Le dimanche il disait au revoir à son fils à Penn Station. « Je prenais ce train tous les jours », dit-il une fois à Danny, en attendant avec lui sur le quai ; « je jouais aux cartes avec Oncle Nick dans ce train. J'ai l'impression que ça fait des siècles.

— C'était quand maman et toi vous dîniez aux chandelles », dit Danny en se rappelant comment son père le faisait tournoyer en l'air, comment sa mère avait prononcé le mot « cacciatore » – doucement, et avec tant de plaisir.

« Nous étions innocents, ta mère et moi, nous croyions en quelque chose qui ne nous convenait pas. Qui ne *me* convenait pas, je devrais dire. »

Danny quitta son père des yeux et regarda le train entrer en gare.

« Tu penses sans doute que ta mère est tombée malade parce que je suis homosexuel, dit Allen, en passant la main sur l'épaule de son fils, mais ce n'est vrai qu'en partie. Ça va bien plus loin, bien plus profond que ça, Danny. Tu sais, ça fait longtemps que ta mère ne va pas bien. »

D'où il est allongé, la figure dans l'oreiller, Danny entend crisser des pneus sur le gravier et il se redresse dans son lit. Par la fenêtre il voit un taxi dans l'allée, et Allen, en blue-jeans et chemise à carreaux, qui essaie d'écarter le chien de Belle, lequel aboie furieusement. À la vue d'Allen, Elaine s'assied en étreignant ses genoux. Quand Allen la voit, il fait demi-tour pour rappeler le taxi, mais celui-ci a déjà quitté l'allée.

« S'il te plaît, Allen, ne te fâche pas », dit Nick en s'avançant sur le gravier, puis il lui pose la main sur l'épaule tout en retenant le chien.

« Tu ne m'avais pas dit qu'elle serait ici.

— C'est parce que tu ne serais pas venu, dit Carol qui les a rejoints. Il faut que vous parliez tous les deux. Désolés d'avoir agi ainsi, mais c'était le seul moyen. Il fallait bien que quelqu'un en prenne la responsabilité. »

Comme un enfant qui monte à bicyclette pour la première fois sans petites roues, Allen se laisse pousser, c'est le mot, par Carol vers sa femme.

« Qu'est-ce qu'il y a ? Qu'est-ce qui se passe ici ? » s'écrie Belle. Mais elle aperçoit Allen et s'immobilise, pétrifiée. « Vous ne lui aviez pas dit ? »

Allen ébauche un mouvement mal assuré en direction d'Elaine qui se cabre. Nick et Carol repoussent Belle vers la cuisine. Danny saute du lit et se met à genoux près de la porte.

Ils chuchotent. Nick hoche la tête et ressort. « Du calme, maman, dit Carol, il fallait bien qu'ils parlent ensemble. Ils ont des décisions à prendre.

— Mais Elaine est hospitalisée... » Belle énonce ce fait connu d'une voix basse et lance un regard vers la porte de la chambre.

« Elle s'est caché les choses toute sa vie. Il faut qu'elle les regarde en face. Je ne peux pas tenir ça à bout de bras plus longtemps. » Carol allume une cigarette et se frotte les yeux.

Belle détourne le regard. « Mais il n'est encore qu'un enfant.

— Oui, mais c'est leur enfant, pas le nôtre, pas le nôtre.

— Pas si fort, dit Belle en montrant la porte de sa chambre, montre un peu de compréhension. Elle a vécu un véritable calvaire.

— Je suis d'accord, ça a été dur, mais… au point de se faire interner ! Je regrette, maman, mais si tu veux mon avis, c'est vraiment dramatiser les choses. De nos jours, on ne se fait plus interner. On va une fois par semaine voir un psychiatre sur Central Park. On continue à vivre et on résout son problème.

— Son problème n'est pas si simple, elle a besoin qu'on l'aide. Je ne l'ai jamais dit, mais j'ai toujours su qu'elle n'était pas forte. Je te l'avoue, maintenant qu'elle est prise en charge, je me sens soulagée.

— Ce n'est pas comme si elle était folle, comme si elle était démente ou schizophrène ou autre. Au fond elle va bien, non ? Elle a juste besoin d'aide, non ? »

Belle ne répond pas. Carol s'assied, pose la tête sur la table de la cuisine et se met à pleurer.

« Oh ! ma pauvre petite fille, dit Belle en lui caressant les cheveux, je sais bien que tu te fais du mauvais sang pour ta sœur. Mais elle va bien, elle va aller bien.

— Alors pourquoi est-ce qu'elle ne peut pas sortir de cet hôpital, emmener son gosse et commencer à aller voir un bon dieu de psy une fois par semaine ? » Carol relève la tête et se tourne vers sa mère. « Je le lui paie, si c'est ça dont elle a besoin.

— Parle moins fort, chuchote Belle, allons parler dehors. »

Dès qu'elles ont quitté la cuisine, Danny monte en courant l'escalier et se glisse dans la chambre de ses cousins, pleine de tableaux du championnat de base-ball et de jouets pour *La Guerre des étoiles*. Il monte sur la banquette dans l'embrasure de la fenêtre qui surplombe la piscine. Au-dessous de lui, il peut voir ses parents qui se disputent dans un coin, tandis que dans un autre coin Belle et Carol continuent leur discussion. Belle essaie d'expliquer qu'Elaine n'est pas capable de tenir une maison et que c'est ça son problème, Carol secoue la tête.

Quant à Nick, il est loin, sur la pelouse, il joue au base-ball avec Greg et Jeff.

Danny peut à peine saisir la voix de ses parents. Il entend Elaine dire : « … ils ont arrangé ça. Ils pensent que Danny est un véritable emmerdeur.

— Tu sais que je l'aurais pris avec moi si j'avais pu.

— Je croyais que tu menais une vie modèle !

— Rien dans ma vie ne serait un environnement malsain pour Danny. C'est seulement que je ne suis pas encore prêt.

— Bien. Il peut venir vivre avec moi. »

Danny referme la fenêtre. Il sait effacer ses traces. Il redescend en courant, traverse la cuisine, passe la porte. Il court le long de la piscine, dépasse ses parents et va vers les bois. Allen le regarde dans les yeux et lui fait un signe de tête. Danny lui répond et continue à courir.

Au début, quand Danny est arrivé chez Nick et Carol, tout était étranger : le lit supplémentaire dans la chambre de Greg et Jeff, lit qu'on tirait de dessous un autre lit, la couleur de la télévision, la sauce des spaghetti. Ils étaient si bienveillants à son égard qu'il se demandait pourquoi : peut-être avait-il la leucémie ? et on ne le lui disait pas. Et puis il comprit qu'il n'avait pas la leucémie. Il était tout simplement la victime innocente d'un foyer désuni. Durant des mois il avait réprimé la crainte qu'il éprouvait, et la colère, pour l'amour de sa mère. Mais maintenant, elle l'avait trahi. C'est vrai qu'elle n'était pas faite pour ça. Il avait été arraché à son foyer, tout comme elle. Il n'y avait plus aucune raison d'être jamais un bon garçon.

Danny ne prit aucunement en considération l'espoir de Nick et de Carol, espoir qu'il change un peu, qu'il se fasse à leur manière de vivre. On n'aurait jamais demandé de changer à un enfant atteint de leucémie – un enfant malade, un enfant à problèmes, un enfant à qui on pardonne tout. Nick et Carol lui avaient demandé de bien vouloir échanger son lit avec sa grand-mère et déménager dans la chambre de ses cousins, ce serait « marrant pour tous les trois, comme en colonie de vacances ». Danny eut sa plus belle crise. Jamais ils ne le lui redemandèrent. Ils lui jetaient des regards lassés quand il refusait de manger, quand il voulait choisir ses programmes à la télévision, ou quand il refusait de parler. Puis ils perdirent patience, et lui aussi il perdit patience. Ils ne comprenaient donc pas ? Il était une victime. Il lui suffisait de prononcer le nom de sa mère pour que, à tous les coups, son estomac chavire. Alors le regard de Carol s'adoucissait, soudain elle devenait comme sa grand-mère, maternelle et tendre. Il s'appliqua à avoir besoin qu'elle soit maternelle et tendre.

La nuit où sa mère s'était couchée pour ne plus se relever, Danny avait appris deux choses : être silencieux c'était être fou, et faire du bruit c'était aussi être fou. Il lui semblait qu'il n'avait pas le choix. Il ne connaissait aucune façon d'être qui ne comportât des silences moroses ou des crises de fureur. Quand Carol lui avait demandé pourquoi il ne profitait pas tout simplement de la vie, il avait senti s'élever dans sa poitrine une résistance farouche. Non, il n'allait pas renoncer à être lui-même.

Le voici qui dépasse en courant ses fous de parents. Dans les bois il arrive à un endroit tout jonché de feuilles sèches à l'abri d'un vieux sycomore. Il a décidé que ce serait son lieu à lui. À quelques pas seulement, les enfants du voisinage jouent à l'Épervier dans l'impasse. À travers les arbres, il peut entendre leurs cris et leurs appels. Il fait le tour, une fois, en marquant son territoire, puis il commence. Aujourd'hui il va inventer un épisode du « Spectacle des Frères Parfaits », spectacle de variétés, sur sa chaîne personnelle. Il en a plusieurs autres, plusieurs séries en chantier, entre autres « Grippo », drame policier, et « Pierre ! » qui se passe dans la capitale du Dakota du Sud.

Il commence. Il tient tous les rôles et imite le bruit des applaudissements en faisant claquer sa langue contre son palais. « Et maintenant, pour vous divertir, voici un nouvel épisode du Spectacle des Frères Parfaits ! »

L'orchestre joue une ouverture en fanfare. Danny change de voix et chante :

Un soir parfait pour la comédie !
Pour des rires et pour la mélodie !
On va vous changer,
Vous remettre d'aplomb !
Dans un instant vous allez voir
C'est le Spectacle des Frères Parfaits
que nous accueillons ce soir.

Il en est au beau milieu de son invention, en train d'imaginer sa petite pièce, suivie d'une chanson par la vedette invitée de la semaine, Loni Anderson, quand Jeff, le cadet des frères, celui qui a le plus de continuité dans les bonnes intentions, sort d'entre les arbres et demande : « Je peux jouer ? »

Surpris, Danny ne pense pas à piquer une crise. « D'accord. Nous faisons une petite pièce. Tu seras la maîtresse de maison et moi je serai Superman.

— Je veux être Superman.

— D'accord, d'accord. » Et Danny commence à donner ses directives pour la pièce. Mais au beau milieu, Jeff l'interrompt : « C'est casse-pieds. Allons jouer au base-ball.

— Si tu veux jouer à un truc de ce genre, répond Danny, va donc jouer à l'Épervier ! », et il lève la main en signe de mépris.

« C'est bon pour les filles. Bon, si tu ne veux pas jouer, je vais jouer au base-ball avec mon père.

— C'est ça, laisse-moi tranquille. »

Jeff part en courant. À mi-chemin il se retourne et dit : « Tu es bizarre. »

Danny l'ignore ; il en est au milieu de la pièce – jouant les deux rôles, la maîtresse de maison et Superman – quand il est à nouveau interrompu. Cette fois, c'est son père, qui lui demande : « Alors, ça va, mon vieux ? Tu veux venir au Paper Palace ? »

Une seconde, Danny écarquille les yeux, puis il se rappelle combien il est malheureux, et il répond « D'accord ».

Ils prennent le break de Carol et partent vers le Paper Palace – une énorme construction en ciment, rose, en plein milieu d'un vieux centre commercial, tout près de là où Danny habitait autrefois.

« Tu adorais le Paper Palace, voilà bien longtemps, n'est-ce pas ? Tu devais avoir quatre ans quand je t'y ai amené pour la première fois. Tu avais adoré ça. Tu te souviens de ce que je t'avais acheté ?

— Un cahier d'origami, et une bande dessinée de Richie Rich », répond Danny. Il ne va plus guère au Paper Palace maintenant ; Carol fait ses achats dans une galerie commerciale plus élégante, près de chez elle.

« Quand on vivait ici, je n'avais qu'un désir, venir habiter dans le voisinage de Nick et Carol. Il y a un an aujourd'hui. Tu te rends compte. Je ne pensais qu'à une chose : avoir une augmentation et acheter une maison. J'aurais pu acheter la maison juste à côté de Nick et Carol. Je voulais que tu grandisses dans ce quartier. Avec tous ces arbres. Le bon air. Une bonne compagnie.

— C'est ce que je fais, en fin de compte.

— Ne te laisse pas abuser. Tout ça, c'est parfait en apparence, c'est parfait comme un décor. Mais bien vite, la peinture s'écaille, les angles sont mordillés par le chien, on ramasse des tas de choses sous les lits. Crois-moi, il y a autant de poussière chez Nick et Carol qu'il y en avait chez nous.

— Carol a une bonne, fait remarquer Danny.

— Ne te fie pas à la propreté, jamais. Les saloperies, les vraies saloperies, arrivent toujours dans les maisons propres, où tout est en ordre, où personne ne dit un mot plus haut que l'autre.

— Chez nous, ce n'était pas comme ça », fait remarquer Danny.

Allen le regarde, mais ils sont arrivés dans le parking du centre commercial, et l'enseigne alléchante et colorée du Paper Palace les entraîne tous les deux. Ils se précipitent à l'intérieur. Danny respecte le rite, il passe un moment à la papeterie et aux bandes dessinées, parcourt les scénarios des feuilletons, relève avec soin chaque faute d'orthographe dans les noms des personnages. Allen traîne derrière lui. Ils achètent un numéro de *Vogue* pour Elaine. Juste devant eux, dans la queue, un gros homme à la calvitie naissante renverse une boîte de bonbons sur le comptoir au moment où il paie un numéro de *Playgirl*. Ses efforts pour passer inaperçu tombent à l'eau et attirent sur lui l'attention générale. Danny évite de regarder Allen ; Allen, au contraire, ne quitte pas Danny des yeux, dont le visage a une expression douloureuse et gênée à la fois. Ils sortent du magasin, ils ne parlent pas du gros homme.

Des années plus tôt, Danny n'avait alors que six ou sept ans, il avait trouvé un magazine. Il jouait dans le sous-sol à se déguiser avec de vieux vêtements d'Allen qu'il avait trouvés dans un carton. Le magazine était au fond du carton. Quand Elaine était descendue pour voir ce qu'il fabriquait, elle l'avait trouvé assis sur une malle, en train d'examiner une série de photos montrant de jeunes hommes à l'air ahuri qui simulaient l'acte sexuel dans diverses positions. Elaine lui avait arraché le magazine, lui demandant où il avait trouvé ça. Il avait répondu qu'il l'avait trouvé là, et il avait montré le carton du doigt.

Elaine avait regardé le magazine, puis le carton. Elle avait feuilleté les pages, regardé les photographies. Puis elle l'avait reposé sur le carton, avait croisé les bras sur la poitrine comme pour s'enlacer elle-même.

« Danny, pour l'amour de Dieu, cette fois, ne mens pas. Ce n'est pas nécessaire. Tu peux me dire la vérité. Tu es sûr que c'est bien là que tu as trouvé cette chose ?

— Croix de bois, croix de fer, si je mens je vais en enfer, je te le jure.

— Remonte », lui avait dit Elaine.

Dans la voiture, sur le chemin du retour, Allen demande à Danny : « Tu veux un Velamint ? » Ils descendent une rue large et sombre, bordée de sycomores. Sans dire un mot, Danny prend la petite tablette bleue des mains de son père. Il ouvre la vitre et sort sa main dans le vent.

« Tu sais, Danny, j'y réfléchissais, je connais un endroit fantastique, une école, dans le New Hampshire. C'est un endroit épatant, vraiment ouvert, tout à fait ce qui convient à des garçons brillants et motivés comme toi. »

Danny ne répond pas. Quand Allen se tourne vers lui, il voit que son fils a agrippé l'accoudoir si fort qu'il en a les jointures blanches et qu'il se mord les lèvres pour ne pas pleurer.

« Danny, Danny, qu'est-ce qui ne va pas ?

— Je sais que j'ai été un problème, mais j'ai décidé de changer. Aujourd'hui. J'ai décidé d'être heureux. Je t'en prie. Je ferai tout pour qu'ils aient envie de me garder. »

La panique de Danny inquiète Allen. « Danny, cette école n'est pas une maison de redressement. C'est un endroit fantastique. Tu mérites d'y aller

— J'ai joué avec Jeff aujourd'hui », poursuit Danny. Sa voix est suraiguë, il fixe Allen, le visage empourpré et le regard implorant.

Allen se plaque la main sur la bouche et fait une grimace. Ils arrivent à un stop, alors il se tourne vers Danny et, du ton le plus solennel qu'il peut trouver, il déclare : « Danny, ne t'inquiète pas, personne ne va te *forcer* à aller où que ce soit. Mais vois-tu, Danny, je ne suis pas sûr d'avoir envie que tu restes avec Nick et Carol. Après quinze ans dans ce milieu, je ne suis pas sûr d'avoir envie que mon fils en souffre comme j'en ai souffert.

— Je ne deviendrai jamais agent de change. Je ne balaierai pas sous mon lit. Mais je t'en prie, ne m'envoie pas là-bas.

— Danny, je pensais que tu ne te plaisais pas ici.
— Je peux m'y faire. »

Ils sont toujours arrêtés au stop. Derrière eux une voiture klaxonne pour les faire démarrer. Danny a les yeux noyés de larmes.

Allen secoue la tête et tend la main vers son fils.

Ils vont chez Carvel prendre une glace. Devant eux, dans la file, une femme agitée achète des cornets pour dix petits enfants noirs qui se donnent la main deux par deux. Deux des filles se bousculent en se tirant par le bras, un gamin dont la glace molle, déposée en spirale, est tombée de son cornet pleure bruyamment et demande réparation. Allen commande deux glaces au chocolat, et les voilà assis tous les deux sur des sièges munis de minuscules tablettes comme les tables d'école primaire que Danny a connues. Il y a des traces de larmes sur les joues de Danny, bien qu'en fait il ne pleure pas – en tout cas, il ne produit aucun des sons habituels, aucun sanglot, ni hoquet ni gémissement. Il prend un bout de l'écorce de chocolat et en mange des morceaux, sans attaquer la glace proprement dite.

« Je suis content de voir que tu n'as pas perdu l'appétit », lui dit Allen.

Danny hoche la tête, faiblement, et continue à manger. La femme pousse dehors les dix petits enfants et les fait monter dans un minibus rose. « Danny, qu'est-ce que je peux dire ? Qu'est-ce que tu voudrais que je dise ? »

Danny mord le fond du cornet. De la glace à moitié fondue s'écrase sur la tablette. « Seigneur Dieu », marmotte Allen, puis il se frotte les yeux.

Quand ils reviennent à la maison, Allen rejoint dans le patio Nick et Carol sous le parasol. Elaine est toujours sur sa chaise longue, les yeux clos. Danny sort de la voiture après son père, il fait le tour de la piscine en se mordant le pouce et reprend sa place sur le plongeoir.

Non loin, Greg et Jeff continuent à se lancer la balle. « Ho ! Danny, tu veux lancer ? » crie Allen, sans écouter Carol qui essaie de l'en empêcher (« Non ! »). Mais Danny n'a ni un mot ni un geste.

Une nouvelle fois, Allen crie : « Danny, tu m'entends ? »

Très lentement, Danny se soulève et en rampant, quitte le plongeoir, il rentre dans la maison.

« Seigneur, dit Carol en enlevant ses lunettes de soleil, c'est plus que je ne peux en supporter. »

C'est alors que Belle fait son apparition à la porte de la cuisine en brandissant une spatule à pâtisserie. Elle demande : « Qu'est-ce qui se passe ?

— Toujours la même histoire ! répond Carol.

— Je vais voir », dit Allen. Il lance un regard d'adieu à Elaine et marche vers la cuisine.

« C'était la même chose ce matin », lui dit Belle en l'accompagnant vers la chambre de Danny.

Mais cette fois, au lieu d'avoir été claquée, la porte est grande ouverte et Danny est couché sur le dos, le visage livide, les yeux secs.

Tout d'abord Belle croit qu'il est malade. « Mon chéri, tu vas bien ? » demande-t-elle en lui posant la main sur le front. « Il n'a pas de fièvre », dit-elle à Allen.

Allen s'assied sur le lit, entoure Danny de ses bras. « Danny, qu'est-ce qui ne va pas ? »

Danny se tourne et regarde son père en face, avec une expression de souffrance trop forte pour être feinte.

« Je ne peux pas changer, je ne peux pas changer, dit-il, je ne peux pas changer. »

Dans la cuisine, Belle ne décolère pas. Elle ne baisse pas le ton ; elle ne paraît pas se soucier que Danny entende ou non chacun des mots qu'elle prononce : « Je vois rouge quand je vous regarde, lance-t-elle à ses enfants, de mon temps on n'abandonnait pas tout, juste pour se faire plaisir. De mon temps, on n'abandonnait pas ses enfants. Vous êtes tellement égoïstes. Vous ne pensez qu'à vous.

— Qu'est-ce que tu veux que je fasse ? répond Allen, quelle espèce de père est-ce que j'aurais été ? Je vivais dans le mensonge.

— Tu vois ce que je veux dire ? Égoïste, répond Belle, tu imagines que je parle pour toi. Mais je parle de vous tous. De toi aussi, Carol.

— Pour l'amour de Dieu, ce n'est pas mon fils, maman ! Il est en train de démolir la vie de mes enfants, et la mienne aussi. »

Elaine n'a pas cessé de se passer les doigts dans les cheveux. Puis tout à coup elle frappe la table du plat de la main, elle émet un petit gémissement : « Il a vraiment dit ça ? Mon Dieu ! Il a vraiment dit ça ?

— J'en ai par-dessus la tête de vous tous, déclare Belle. Il n'y a rien à ajouter. J'en ai assez entendu. »

Elle leur tourne le dos, comme si elle en avait aussi assez vu. Allen, Elaine et Nick baissent le nez comme des enfants punis. Carol, elle, se lève, marche droit à sa mère. « Une minute, dit-elle, les lèvres crispées de colère, juste une minute. Ça ne t'est pas difficile de faire la leçon à tout le monde. Mais moi, c'est moi qui ai à vivre avec, jour après jour, c'est moi qui m'occupe de lui, c'est moi qui nettoie ses saloperies. C'est moi qui entends mes enfants me dire : "Qu'est-ce qui se passe avec ce type ? Quand est-ce qu'il fout le camp ?" Ah ! oui, peut-être bien que je suis égoïste, mais, figure-toi, ça m'a donné du mal d'élever mes enfants correctement, et tout à coup, sous prétexte qu'Elaine envoie tout promener, ce serait à moi d'en faire les frais, ce serait à moi d'en prendre toute la peine ! Et tout ce que j'ai construit s'en irait à vau-l'eau parce qu'elle est incapable de s'occuper de son gosse ? Eh bien, alors, je vais l'être, égoïste ! J'en ai assez !

— Minute, Carol », dit Allen.

Carol se tourne vers lui. « Emmène-le, emmène-le chez toi et tais-toi. Tu n'as pas un seul mot à dire. »

Belle, les bras croisés sur la poitrine, commence à pleurer doucement. Assise à la table, Elaine, elle aussi, pleure, moins doucement et avec moins de retenue.

On entend un petit déclic, la porte de la chambre s'ouvre et Danny entre dans la cuisine, Allen et Nick se lèvent, faisant presque tomber leur chaise. Au bord de la panique, Carol s'exclame : « Danny ! ça va ?

— Oui, merci. »

Elaine a levé la tête. « Danny, Danny, je... » Elle remue les lèvres, tente d'articuler des mots, mais rien ne vient, rien ne sort de sa bouche. Danny la regarde, les yeux pleins d'une commisération adulte, effrayante. Puis il se détourne et s'en va.

Tout le monde bondit derrière lui, mais Allen les arrête. « J'y vais », dit-il. Il sort sur les pas de Danny, qui dépasse la piscine et se dirige vers le coin des bois où il aime jouer. Arrivé là, il s'arrête et attend, tournant le dos à son père.

« Danny, dit Allen, derrière lui, tu as tout entendu. Je ne sais pas quoi dire. J'aimerais bien savoir. »

Danny croise les bras sur sa poitrine. « J'ai réfléchi, j'ai pris ma décision.

— Quoi ?

— À propos de l'école. J'ai décidé d'y aller. »

Quelques jours plus tard, Danny est dans le train qui serpente le long de la côte du New Jersey en direction de New York. Il va voir son père. De l'autre côté du couloir, il y a un couple d'un certain âge, un petit homme noueux et son épouse aux cheveux blancs, plus grande que lui, les mains gantées de blanc paisiblement croisées. Tout comme Danny, le couple, sans lire le journal, regarde dehors, à travers les vitres teintées en vert, les pelouses jaunes, les petites boutiques, les entrepôts.

« Il faudrait ramasser tes affaires, on y est bientôt, dit le mari.

— Mais non ! répond la femme, nous ne descendons pas à South Amboy. Nous descendons à Perth Amboy. »

Son mari secoue la tête : « Non, non, South Amboy. Je suis sûr qu'elle a dit South Amboy. »

La femme reste immobile un moment, puis le chef de train annonce : « South Amboy, prochain arrêt South Amboy. » Alors elle ne se domine plus. « Je suis vraiment sûre que c'est Perth Amboy. » Le mari boutonne sa veste, prend son chapeau. « Tu vas m'écouter pour une fois ? C'est South Amboy. » La femme secoue la tête et répète : « Je suis sûre. Je suis sûre. »

Peu à peu, puis avec un grincement soudain, le train s'arrête en gare. Le mari avance pesamment dans le couloir, heurtant Danny au passage et secouant la tête. « Je descends. Tu viens ? » La femme se lève, hésite, se rassied. « Ce n'est pas l'arrêt », dit-elle. Il fait un geste brusque des mains, passe la portière et se retrouve sur le quai. Elle se lève pour le suivre, mais voici que la portière se referme brusquement. Son poing apparaît, comme détaché de son corps, et cogne contre la fenêtre. Le train repart.

Un moment, elle reste là, abasourdie. Puis les cahots la forcent à s'asseoir. Sur son visage transparaît d'abord de l'indignation, puis de la crainte et de la confusion, puis une grande lassitude – son mari, le train, la vie qui va continuer sans changer. Elle se tient courbée, se renfonce dans le coin de son siège comme si elle se faisait la plus petite possible et, de sa main gantée de blanc, elle tripote un fil de sa robe.

C'est alors qu'elle reprend ses esprits. Elle s'aperçoit qu'elle n'est pas seule dans le train. Son œil se rétrécit et fixe Danny. C'est la fin de l'après-midi, il fait presque sombre. Danny chante une chanson où il est question de comédie, de plaisir et de musique. Il lui dit que ça va être une soirée parfaite.

Quelques pas de danse en famille

Bien que ce soit de justesse – sans félicitations ni mention particulière, et dans une école de troisième ordre –, le fils de Suzanne Kaplan, Seth, s'est débrouillé pour réussir son certificat de fin d'études, et Suzanne organise une réception pour fêter ça. La réception, à vrai dire, fête aussi le « diplôme d'entrée dans la vie » de Suzanne – un corps mince (elle a perdu quinze kilos), une nouvelle maison, un mariage récent avec Bruce Kaplan qui est agent immobilier. Bien sûr, Suzanne a prévu de faire la réception dehors, d'autant que le certificat de Seth coïncide avec la brève et fragile floraison de la glycine, et que, sous les projecteurs, la piscine est magnifique. Malheureusement, voilà une semaine qu'il pleut tous les jours, et Suzanne a passé des heures devant la fenêtre de la cuisine à se dire qu'elle devrait déjà s'estimer bien heureuse comme ça.

« C'est un vrai déluge, ce printemps », a dit Pearl, la mère de Suzanne, la veille de la réception. « Il ne faut pas compter que ça se passe à l'extérieur. Tu ferais mieux de tout rentrer dans la maison. » Suzanne restait pourtant optimiste, et elle avait raison : le matin de la réception, il fait un soleil éclatant, et la pelouse trempée promet d'être sèche avant midi. En peignoir, debout dans le living-room, elle regarde Bruce passer la tondeuse. Ses enfants à lui, Linda et Sam, jouent à un jeu qu'elle ne reconnaît pas, et elle frappe au carreau pour attirer leur attention.

Quand ils l'entendent, ils s'arrêtent, avec agacement, comme s'ils avaient été surpris en train de faire une bêtise. Ils la regardent ; c'est un regard qu'elle appelle regard de la méchante sorcière, parce que c'est celui-là même que Lynnette, sa propre fille, lui lance d'habitude avant de quitter la pièce en courant et en criant « Tu es une sorcière. » Suzanne n'est pas au courant des secrets de Linda et Sam ; ils sont polis, mais gardent leurs distances. Pour eux, bien sûr, elle est un élément nouveau, étranger.

Elle fait coulisser le panneau vitré et s'avance dans le patio. « À quoi jouez-vous ? » demande-t-elle, mais maintenant encore sa voix tremble. Elle a conscience que sa nonchalance ne leur fait pas illusion.

« À rien », répond Linda, puis : « Viens, Sam. »

Le frère lance à Suzanne un regard impuissant, et les voilà partis dans un autre coin du jardin.

Le jardin est vaste, vert. Au nord il y a une immense prairie où on pourrait faire paître des vaches – s'il y avait encore des vaches dans ce coin du monde. La partie du Bronx où Suzanne a grandi est aujourd'hui une zone immense où l'on va construire des logements mais dans son enfance elle vivait dans une maison pour deux familles, et il y avait des îlots de campagne, des fermes, et même des fermiers. Aujourd'hui, quand elle rend visite à sa mère, elle s'arrête parfois. En bordure de l'autoroute, il y a çà et là quelques parcelles de ce qui autrefois était une ferme, il y pousse des mauvaises herbes, des arbres aux troncs noueux. Les bâtiments qui subsistent sont pourris, et seuls des squatters les habitent.

Naturellement Suzanne n'habite plus le Bronx. Elle s'est élevée socialement, comme dirait sa mère, bien que le terme « élevé » lui ait toujours paru mal convenir ; il lui semble plutôt que c'est un mouvement latéral. Maintenant, dans l'esprit de sa mère, elle est sur une sorte de sommet et elle s'est remarquablement remise après l'horrible chute du divorce. Dans l'esprit de sa mère, Suzanne est dans les nuages. À ses propres yeux, elle a, plus que jamais auparavant, les pieds sur terre ; mais, quoi qu'il en soit, elle est contente de penser qu'elle est peut-être enfin arrivée quelque part.

Cela fait un an passé de quelques jours, le premier mari de Suzanne, Herb, lui a appris qu'il était tombé amoureux d'une avocate qui travaillait dans la même entreprise que lui. À l'époque, ils vivaient à Rockville Centre, dans leur troisième logement (ils allaient probablement déménager une quatrième fois) et Suzanne était obèse. Elle se rappelle que Herb venait d'obtenir une substantielle augmentation de salaire, que Lynnette avait enfin déménagé pour Manhattan, il n'y avait plus d'œufs et le lave-vaisselle était cassé. Quand Herb lui avait dit qu'il voulait lui parler après dîner, elle avait eu l'espoir que ce serait pour envisager de déménager bientôt dans une banlieue plus chic, avec des pelouses plus grandes, cela faisait en effet plusieurs mois qu'il évitait soigneusement le sujet. Au lieu de cela, sa déclaration avait confirmé tous les soupçons que Suzanne avait essayé de se masquer – depuis déjà le deuxième déménagement. Elle ne pouvait plus éluder les choses, d'une certaine façon elle en était soulagée, mais ce n'était pas pour autant plus facile à supporter.

Herb avait dit qu'il n'abandonnerait pas Suzanne. Il avait dit qu'il croyait toujours à la responsabilité et à la parole donnée. Mais d'un autre côté, il n'abandonnerait pas non plus sa maîtresse ; il fallait que les choses soient bien claires. « Qu'est-ce que c'est ? lui demanda Suzanne ce soir-là, c'est parce que je suis grosse, déprimée, mégère ? C'est tout ? »

Herb avait répondu : « Non, c'est seulement que j'aime quelqu'un d'autre. » Elle supposa que, dans son esprit à lui, ces mots étaient apaisants parce qu'ils n'avaient aucune agressivité, et il ne se rendait pas compte à quel point elle en était blessée, c'était étonnant. En bref, elle voulait qu'il reste.

« D'accord, avait-il répondu, mais deux nuits par semaine, sans doute les mardis et jeudis, et quelques week-ends, je resterai en ville avec Selena. »

Le premier mardi soir où il ne rentra pas, elle crut devenir folle. Elle était dans une telle colère contre lui qu'elle eut sérieusement peur de ne plus pouvoir se dominer et de laisser sa violence se déchaîner contre lui. Elle décida alors de lui dire le lendemain qu'il valait mieux qu'il s'en aille. Elle fut encore plus blessée par ce qu'elle imagina être une manœuvre de sa part : s'arranger pour que ce soit elle qui le mette dehors alors que c'était lui qui voulait partir. Jusqu'à cette soirée-là, au milieu du secret mépris qu'elle éprouvait pour elle-même, Suzanne avait gardé une foi indestructible en sa bonne étoile, la certitude qu'elle aurait à coup sûr sa revanche – délectable – sur tout ce qu'elle supportait, ce qui donnait à sa souffrance une arête de bonheur anticipé. Maintenant Herb avait tranché net cette arête. Elle savait pertinemment qu'il n'y aurait pas d'ange gardien pour assurer qu'il récolterait ce qu'il méritait, et pas davantage pour ressusciter brusquement son amour pour elle. Elle aurait préféré qu'Herb se tue en voiture sur le Long Island Expressway, tout simplement, et vite, plutôt que de faire ce qu'elle redoutait le plus et qui redoublait le mal qu'elle pensait d'elle-même. Le mercredi soir quand il rentra, elle lui dit de ne plus se donner la peine de revenir.

À l'époque, se rappelle Suzanne, le corps humain lui semblait d'une laideur insupportable ; le vieillissement, la mort, l'aptitude à tomber en ruine, tout cela semblait faire partie d'une plaisanterie morbide, agencée par un Dieu vengeur. Elle n'avait pas envie de mettre fin à ses jours. Elle avait envie de durer jusqu'à la fin des temps, pourrissant sur pied comme miss Havisham dans *Les Grandes Espérances*, ou bien comme les fermes du Bronx. Elle avait envie de rappeler à jamais à l'espèce humaine ses dispositions pour la honte et la destruction. Et pourtant, tous les matins en se levant, une sorte d'instinct exacerbé la poussait vers la vie et le plaisir. Elle souhaitait que cela s'arrête, mais cela continuait ; et, pour finir, elle sortit de son lit, se lava la tête et traversa le living-room pour mesurer les dégâts. Lynnette était à New York, Seth à l'école. À la pensée de continuer à vivre dans cette pièce, elle eut la nausée, et, un instant, le vide et la solitude de la maison faillirent la ramener dans son lit. Mais après tout c'était son lot, et qu'elle l'aime ou non, il fallait bien qu'elle en fasse quelque chose – pourquoi pas le meilleur possible. Alors elle fit sa toilette. En tremblant un peu, elle alla à l'épicerie s'acheter de quoi dîner. La télévision l'aida à passer la première semaine. La deuxième semaine, elle essaya de limiter le temps qu'elle passait devant, sachant bien que Saturday Night Live, comme une drogue à accoutumance, risquait de perdre de son pouvoir à hautes doses. La troisième semaine elle s'inscrivit dans un groupe pour soigner les dépressions.

Entre Herb et son avocate il y eut une rupture trois mois après qu'il eut emménagé chez elle, mais il décida de rester à Manhattan et de se trouver un lieu à lui. À ce moment-là, Suzanne venait de rencontrer Bruce que sa femme avait quitté quelques semaines plus tôt et tout à coup la vie lui sembla riche de possibilités énormes, la nouvelle de la rupture de Herb l'emplit d'une sorte de jubilation vengeresse. À coup sûr, même s'il le lui demandait, elle ne reprendrait pas la vie commune, s'était-elle dit, pas maintenant. Mais jamais il ne le lui demanda. Au lieu de cela, il ne cesse de dire qu'il est formidablement heureux pour elle, absolument ravi que les choses aillent si bien. Il ne laisse voir aucun ressentiment, aucune jalousie, seulement une sorte de soulagement, comme si on avait retiré de sa poitrine le fardeau de la culpabilité. Quand ils ont déjeuné ensemble la semaine dernière pour parler du certificat de Seth, Suzanne s'est donné beaucoup de mal pour retirer du plaisir du fait qu'elle, la perdante, la victime, se retrouvait en fin de compte en haut, dans une position meilleure que jamais. Mais Herb paraissait prendre à la bonne fortune de Suzanne autant de plaisir qu'elle-même, et elle quitta le restaurant assez oppressée. Elle se sentait triste de ce que Herb ne se sente pas triste, et pourtant dans sa position victorieuse elle aurait dû ne pas en être affectée. Tout de même il avait une étrange disposition pour le bonheur et cela la rendait furieuse.

Herb dit qu'il veut être l'ami de Suzanne. Il lui parle avec un ton d'intimité qu'elle n'a jamais entendu au cours de leurs longues années de mariage. « C'est étonnant », lui a-t-il dit au déjeuner de la semaine dernière, « je commence juste à comprendre pourquoi ça me gênait tellement de t'entendre parler de la nouvelle maison. Ça n'était pas seulement parce que j'avais en tête de te demander de me rendre ma liberté. C'était la pensée que la nouvelle maison serait la dernière, la maison dans laquelle, selon toute probabilité, nous allions mourir. Nous étions assez riches pour nous offrir ce qu'il y a de mieux, et ça voulait dire qu'il ne restait nulle part où aller. J'ai eu le sentiment que ma vie était finie. Or aujourd'hui, je ne sais pas ce qu'il en est pour toi Suzanne, mais moi il faut que je repense tout mon système de valeurs. Je vois un psychologue. Je suis en train de comprendre tout ce que j'ai fait de travers en tant que père. En vérité, pour moi comme pour toi, c'est un nouveau départ. »

Suzanne l'avait regardé en se demandant « Comment ose-t-il parler ainsi ? », c'était comme s'il croyait que la Suzanne d'autrefois – la femme qui aurait été brisée par une déclaration de ce style – avait tout simplement cessé d'exister. Il avait devant lui un être nouveau, auquel il pouvait confier l'horrible vérité à propos de sa mégère de femme, énorme, et de leur misérable vie commune. Et bien que, dans les bons jours, Suzanne soit d'accord avec Herb, elle s'imagine dans ces moments-là qu'elle s'est réincarnée, que la Suzanne d'autrefois a vécu à une époque différente et une vie sans points communs avec la sienne, dans les mauvais jours, c'est comme si le temps n'avait pas passé ; comme si son mariage avec Bruce, qu'elle eût perdu des kilos, sa nouvelle maison, tout cela n'était qu'un rêve dont elle allait s'éveiller pour se retrouver dans son lit d'autrefois, dans sa maison d'autrefois. Ces jours-là elle se sent comme les rescapés d'un tremblement de terre qui errent avec les décombres de leur maison dans un sac, refusant de quitter la tombe de leurs enfants.

Suzanne quitte le porche et revient à l'intérieur. Elle regarde la pendule, il est onze heures et Seth dort encore ; le soleil pénètre par la porte entrebâillée de la chambre d'amis. Devant la chambre de son fils, Suzanne s'arrête, puis frappe prudemment. Pas de réponse. Alors elle appelle « Seth ».

À l'intérieur on entend un grognement.

« Seth, debout, il est déjà onze heures. »

Il marmonne : « C'est bon, c'est bon, laisse-moi encore dix minutes.

— Seth, c'est ta réception, il faut te lever. » Il crie : « Laisse-moi tranquille. » Suzanne sourit, elle sait que si elle arrive à le mettre en colère, il sera trop exaspéré pour dormir. C'est le genre de choses qu'elle appelle un secret maternel.

Alors elle pousse la porte et le soleil s'engouffre avec elle. Seth est vautré en travers du vaste lit, enveloppé dans un fouillis de draps et de couvertures.

« Allons, chantonne Suzanne, c'est l'heure de se lever. »

Brusquement il s'assied sur son lit et la regarde, furibond. « Tu sais combien j'ai dormi la semaine des examens ?

— Combien ?

— Peut-être dix minutes. Je peux me rattraper maintenant, non ?

— Tu es sûr d'en avoir envie ? » demande Suzanne. Seth la regarde avec l'expression troublée qu'il a souvent eue enfant quand il arrivait à la cuisine, l'œil vague, et avalait goulûment le lait dans lequel il avait noyé ses céréales.

« Bonne célébration », dit-elle en sortant de sa chambre.

Quand elle descend l'escalier, elle découvre que sa propre cuisine déborde d'une intense activité. Le traiteur est arrivé – toute une équipe de femmes noires, imposantes et obstinément bourgeoises ; unies entre elles par des liens mystérieux, elles ont acquis depuis peu une étonnante renommée dans cette partie de Long Island. Elles portent un costume en synthétique, avec des mélanges variés de noir et de blanc, Suzanne a l'impression d'uniformes qui indiqueraient une hiérarchie compliquée. La mère de Suzanne, Pearl, elle aussi, est arrivée ; elle est en conversation avec une femme particulièrement imposante, entre deux âges, dont la robe noire sans aucun liséré blanc indique la position de chef. On est en train de passer en revue les hors-d'œuvre.

« Soufflé de homard au curry, petits pâtés au gratin, ailes de poulet au sésame, mini-croissants fourrés au fromage, boulettes de dinde polynésienne, brie au four. Oh ! j'oubliais le pâté de foie, dit la femme.

— Bien, dit Pearl, mais dites-moi, Mrs. Ferguson, le foie est moulé ou quoi ?

— Oui, dans un moule en forme de cœur.

— De cœur ! »

Mrs. Ferguson se croise les bras : « Ça ne va pas, le cœur ?

— Si, si... si, si, répond Pearl. Ah ! voici ma fille, la maîtresse de maison.

— Bonjour », dit Suzanne en serrant la main de Mrs. Ferguson, « je suis heureuse de voir que ma mère s'est déjà occupée de tout. J'espère que tout va bien.

— Tout va bien, sauf que vous n'avez pas de rouleau à pâtisserie », lance une vieille petite femme avec une toque de chef, « qu'est-ce que ça veut dire, ne pas avoir de rouleau à pâtisserie ?

— Pas de rouleau à pâtisserie ? rétorque Suzanne. Vous êtes sûre ? Je viens d'emménager et je n'ai pas encore fait le tour de ce qui me manque.

— Il faut que j'envoie une petite avec la camionnette », dit la vieille femme en hochant la tête d'un air désapprobateur, « à cause de ça, on va être en retard... Gloria ! »

Une adolescente accourt aux ordres de la vieille femme à la toque de chef. Pendant ce temps d'autres filles s'affairent autour de Suzanne, à rouler les saucisses dans la pâte, à fourrer les mini-croissants, à mettre le gâteau au réfrigérateur.

Et voici que Lynnette, la fille de Suzanne, surgit dans la cuisine ; vingt-trois ans, secrétaire à Manhattan, elle n'est pas du genre à se glisser dans une pièce sans qu'on s'en aperçoive, et tout le monde se tourne vers elle. Avec elle il y a son meilleur ami, avec qui elle partage son appartement, un garçon émacié aux joues creuses. « Bonjour maman, dit Lynnette, je vois que nous arrivons à pic pour être dans les jambes de tout le monde. »

Lynnette porte une robe noire, on dirait des morceaux de combinaison cousus ensemble. Elle a une fleur dans les cheveux, un géranium rose, et son visage arbore des traînées de maquillage mauve et bleu. Si elle n'était pas si ronde, elle serait présentable, presque, pense Suzanne, mais elle a pleinement conscience que Lynnette a choisi cette robe exprès pour exhiber les rondeurs de son ventre et de son arrière-train. John aussi est habillé de façon voyante, costume mauve et cravate bouffante d'un jaune flamboyant.

« Bonjour, Mrs. Kaplan », lui dit-il avec cette façon qu'il a toujours (selon Suzanne) de la saluer, à contrecœur et avec une forte haine sous-entendue. Suzanne est bien sûr blessée de ce que Lynnette lui ait bourré le crâne de petites histoires comme celle de la « méchante sorcière », et pour compenser elle est particulièrement affable chaque fois qu'elle voit John. « Bonjour, dit-elle en lui prenant la main, je suis si heureuse de vous voir. Attendez seulement de goûter ce brie au four, il est extraordinaire. »

À côté d'eux, les jeunes filles qui roulent les saucisses dans la pâte s'arrêtent et regardent John et Lynnette. Elles ne cessent de les regarder que quand Mrs. Ferguson leur donne à toutes deux une tape sur la nuque et leur ordonne de reprendre le travail.

« Suzanne ! » Pearl tire sa fille à l'écart et lui siffle méchamment à l'oreille : « Le foie haché en forme de cœur, tu imagines ! Ces *schwartzeh* ont mis le foie haché dans un moule en forme de cœur ! »

C'est alors que Bruce, essoufflé, arrive dans la cuisine. Il porte un bermuda qui lui arrive aux genoux, sa peau est rougeoyante jusqu'à la racine des cheveux, tondre la pelouse l'a épuisé ! « Vous avez la situation bien en main ? » demande-t-il, et toutes les femmes, y compris Suzanne, reculent d'instinct devant sa présence de mâle en sueur, comme s'il allait contaminer la nourriture.

Bruce regarde autour de lui, timidement, croise ses bras sur son estomac, comme s'il s'imaginait tout nu dans sa propre cuisine, puis dit : « Il vaudrait peut-être mieux que je ne me mette pas dans le passage.

— Ça pourrait être une bonne idée », répond Suzanne, et elle éprouve, à l'instant, une certaine tendresse pour lui, comme pour un enfant égaré. Elle sait bien pourtant que cette tendresse n'est là que pour dissimuler ses sentiments réels à son égard : elle est déçue. Ils se sont rencontrés dans le groupe de thérapie. La femme de Bruce avait abandonné mari et enfants et elle était partie pour la Californie avec un mécanicien de vingt-deux ans. Pendant un temps, Suzanne et Bruce s'étaient confié l'un à l'autre leurs malheurs et s'étaient apitoyés sur leur sort, et puis, un soir où ils avaient bu, sous l'impulsion du moment, ils avaient fait l'amour. Comme dit Suzanne, avec Bruce elle s'est sentie séduisante, une vraie femme, pour la première fois depuis vingt ans ; elle a presque arrêté de manger, et huit jours plus tard ils s'envolaient pour Las Vegas.

Dans un coin de la cuisine, Lynnette regarde sa mère regarder Bruce, et elle minaude. Elle est en train de penser « je minaude ». Tout, la maison, le traiteur, la réception, tout confirme ses pires craintes. Il ne fait pour elle aucun doute que tout cela rend sa mère très heureuse, et que les valeurs petites-bourgeoises qu'elle a attribuées à Suzanne se révèlent malheureusement les siennes avec une exactitude pitoyable.

Elle ne l'admettrait certainement pas, mais en fait Lynnette a attendu cette réception avec une véritable férocité. C'est une fille qui parle haut, que la plupart des gens trouvent déplaisante, prête à vous dire au bout de cinq minutes de conversation à quel point elle se déteste elle-même. Elle est attachée à peu de personnes, mais avec passion. À John par exemple : elle a plus d'affection pour lui que pour qui que ce soit de son âge. John est homosexuel, et ses parents, qui vivent à deux pas de chez Suzanne, ne lui adressent pratiquement plus la parole. Lynnette se rappelle qu'il doit avoir été blessé par la vie plus encore qu'elle-même ne l'a été ; elle le considère, avec affection, comme son ami. Elle espère lui apporter ainsi du réconfort.

Elle est, aussi, fidèle à son père. Durant toute son enfance, elle a entretenu avec lui une relation qui excluait presque consciemment Suzanne et Seth. Elle se rappellera toujours les promenades dans le parc qu'elle faisait avec Herb après dîner, et aussi comment, jusqu'à l'âge de treize ou quatorze ans, alors qu'elle était déjà bien trop grande pour ça, il la poussait sur la balançoire, plus haut, encore plus haut, jusqu'à toucher le ciel, elle volait. Elle était une petite fille lourde, mais cela apparemment n'avait jamais arrêté son père, il la faisait décoller du sol comme s'il était un danseur de ballet et elle une étoile. « Tu es ma partenaire favorite », lui disait-il en poussant la balançoire. « Favorite ? Mieux que maman ? » Et lui : « Oui, mieux que maman. Un jour on dansera sous les étoiles. »

Des années plus tard il avait tenu parole. Il venait d'emménager chez Selena et il y avait tellement d'amour entre eux qu'il leur fallait apparemment Lynnette pour absorber le surplus. Ils l'emmenèrent au ballet voir Peter Martins et Suzanna Farrell, puis à la sortie ils traversèrent, sans l'avoir prémédité, vers Staten Island, et là, à la clarté des étoiles, Herb prit sa fille dans ses bras et dansa avec elle devant Selena assise et rayonnante. Leur pas de deux était gauche, sans musique, mais Lynnette ne s'en souciait pas. Elle avait le sentiment que la nouvelle vie de Herb avec Selena était une vie nouvelle pour elle aussi, comme si l'optimisme dont il faisait preuve était contagieux. Ce soir-là, le monde avait paru riche de possibilités infinies.

Comme de juste, peu de temps après, ce fut la rupture entre Herb et Selena. Depuis peu, Herb voit une autre femme, une architecte qui s'appelle Miriam, mais Lynnette sent bien que le cœur n'y est pas. Leur relation est sage, pondérée, comme des gens d'âge qui ont mené une vie compliquée. Bien qu'elle regrette Selena, Lynnette fait tout ce qu'elle peut pour être cordiale avec Miriam, pour être son amie. Et par-dessus tout, elle est bien décidée à ne pas ressembler à une fille jalouse.

Lynnette regarde sa mère qui discute d'un point particulier avec Mrs. Ferguson. Elles n'ont jamais eu une relation facile, mais il n'y a pas longtemps que Lynnette a compris pourquoi Suzanne avait contre elle un tel ressentiment. C'est que Lynnette s'est débrouillée pour garder ce que Suzanne a irrémédiablement perdu, elle s'est débrouillée pour garder l'amour de Herb. En face d'elle, Bruce est debout, dans un coin, intimidé par tant d'activité : cher petit Bruce, humble et rondouillard. Suzanne aussi regarde Bruce. Le temps d'un éclair, les regards de la mère et de la fille se croisent. Au cours de conversations récentes, Lynnette a entendu Suzanne appeler son mari « Herb » sans s'apercevoir du lapsus.

Toutes deux pensent la même chose, Lynnette le sait. Toutes deux pensent que Herb est un homme élégant, rassurant, intelligent. La seule différence, c'est que Suzanne le pense avec un pincement de regret et de crainte, tandis que Lynnette, tout en minaudant, le pense avec un arrière-goût de triomphe.

John, avec son complet mauve qui, à l'ombre, prend une étrange teinte violine, fait la cour à une des filles qui vont servir à déjeuner.

« Qu'est-ce qui est irlandais et est assis sous le porche ? » demande-t-il à la fille qui glousse en haussant les épaules.

« Des meubles de jardin », répond John. La fille, qui n'a pas plus de seize ans, part d'un rire qu'elle n'arrive pas à contenir. Il est évident qu'elle essaie de se retenir ; elle regarde par-dessus son épaule pour voir si Mrs. Ferguson la surveille ; et bien sûr Mrs. Ferguson, de temps à autre, regarde de son côté, bien qu'il soit évident qu'elle n'a pas l'intention de faire quoi que ce soit maintenant. Elle attendra la fin de la réception et d'être en privé pour la réprimander.

John raconte maintenant une histoire cochonne à propos de Michael Jackson et du bébé tigre sur la pochette du disque. Suzanne l'écoute avec un certain malaise. Elle ne fait aucune confiance à John. Pas parce qu'il est homosexuel, non, cela n'a rien à voir. Ce qui gêne Suzanne chez John, c'est son intolérance. Elle se rappelle le jour où Lynnette et lui ont rencontré Bruce pour la première fois, Bruce avait cru, à tort, que John était l'amoureux de Lynnette ; après dîner, il l'avait emmené dehors faire un tour dans le jardin, et il lui avait offert une place dans sa compagnie immobilière, s'il en avait envie. Ça paraissait la chose à faire. Suzanne rougit en pensant à la naïveté de Bruce, mais quand elle se revoit surprenant Lynnette et John en train de rire comme des fous et de se moquer de son mari, sa gêne se change en colère, elle ne le supporte pas.

Lynnette fait l'inventaire du tiroir aux céréales. « Maman, est-ce que Seth mange autre chose que des Sugar Pops ?

— Bien sûr, des Corn Bran.

— Maintenant que je suis là, s'il vous plaît, arrêtez de parler de moi à la troisième personne », lance Seth. Il est en effet là, debout dans l'embrasure de la porte, avec sa robe de chambre qui godaille. « Eh oui ! c'est moi ! »

Pearl pose la toque magistrale en papier qu'elle est en train de confectionner et se précipite sur son petit-fils pour l'embrasser. « Mon petit Seth chéri, te voilà devenu si grand. Un vrai diplômé », et elle l'embrasse.

Au-dessus des têtes de Lynnette, de Suzanne et de Pearl, John et Seth, qui dépassent tout le monde d'une bonne quinzaine de centimètres, se saluent.

« Seth, dit Suzanne, tu as une carte de Concetta », et elle lui tend une enveloppe postée à la Jamaïque. « Une ancienne bonne », chuchote Lynnette à John.

Seth sourit, il déchire l'enveloppe. Sur la carte, il y a une figure souriante, celle d'un garçon blanc avec un bouquet de fleurs. Il fronce les sourcils et commence à lire, en remuant les lèvres en silence.

Puis il lève les yeux, sourit et lit à haute voix : « Dieu te bénisse pour ton anniversaire. » Il revient à la carte et commence à déchiffrer la seconde ligne.

La petite femme avec la toque de chef glisse quelques mots furibonds à Mrs. Ferguson. Après avoir hoché la tête plusieurs fois, Mrs. Ferguson sort de la cuisine en faisant signe à Suzanne de la suivre. Suzanne y va docilement, elle s'attend à une réprimande.

« Elle veut que vous sortiez tous de la cuisine », dit Mrs. Ferguson qui ajoute : « Tout de suite.

— Bien », répond Suzanne, elle revient dans la cuisine : « Allons les enfants, il faut les laisser travailler. »

Seth en est à la quatrième ligne de la carte.

Toute son enfance, Seth a été un problème. Suzanne et Herb l'ont puni – pour sa paresse, pour ne pas pouvoir décoller de la télévision, et même, parfois, pour des crises d'une violence explosive telle qu'il lui était arrivé de sauter sur leur lit jusqu'à en casser le sommier. Il était un enfant difficile, et, pour compenser la proximité qui unissait sans partage Herb et Lynnette, Suzanne s'était inventé une affection qui avait moins à voir avec le sentiment maternel qu'avec une sombre soif de justice. Au fil des années, ce lien entre faibles a acquis une puissance énorme. Suzanne aime cet enfant difficile pour des raisons qu'elle ne veut ni ne peut articuler, et jusqu'à l'âge de quatorze ans Seth le lui a rendu avec autant de force.

Pourtant Suzanne est lâche. Le jour où Herb, presque en passant, a traité Seth d'idiot, elle n'a rien dit. Quand il distribuait les punitions après de mauvaises notes, elle continuait à se taire. Il ne lui est jamais venu à l'idée de lui faire passer des examens pour ses difficultés scolaires, essentiellement parce qu'elle avait peur d'ennuyer Herb. Lorsque la conseillère d'éducation parla à Suzanne de sa dyslexie – en ajoutant d'un air pincé qu'elle était scandalisée qu'on ait mis si longtemps à s'en apercevoir –, Suzanne éclata en sanglots si violents qu'il fallut appeler l'infirmière.

Herb décida de mettre Seth en pension. On lui avait parlé d'une institution dans le Vermont, spécialisée dans des cas de ce genre. Avant d'annoncer la nouvelle, il dit à Seth qu'il pouvait demander tout ce qu'il voulait ; aussitôt le visage du garçon s'assombrit, soupçonneux, car c'était un enfant qui, souvent, désirait passionnément des choses qu'il obtenait rarement. Après un silence, Seth marmotta qu'il ne détesterait pas une télévision pour les sièges arrière de la voiture. Et quand Herb lui parla de la pension, sa bouche s'ouvrit et ses yeux se voilèrent de larmes. Quant à Suzanne, elle dut quitter la pièce.

Seth alla donc en pension. Au début il pleurait tout le temps, demandait à retourner à la maison, puis au bout de quelques semaines il se fit à sa nouvelle vie. Depuis lors, il avait sérieusement travaillé, soigneusement, pour surmonter ses difficultés. Il s'était gagné l'estime et l'affection de ses professeurs. Il en est même venu à dire à Suzanne que l'école lui semblait plus sa maison qu'aucun endroit où il ait vécu auparavant.

De temps à autre, l'idée vient à Suzanne qu'elle a perdu Seth. Pas dans le sens où normalement les mères perdent leurs enfants – parce qu'elles les aiment trop, ou les blessent, ou les deux – mais plutôt comme on égare une épingle de nourrice ou un trousseau de clés. Tout bêtement par distraction ou négligence. Il est possible qu'elle le retrouve dans peu de temps, sans l'avoir davantage voulu. Il est possible que leurs vies changent, et qu'il leur arrive d'avoir à nouveau besoin l'un de l'autre. Dans l'état actuel des choses, elle ne s'en soucie pas vraiment, parce que l'aptitude de Seth à se guérir l'impressionne à peu près autant que la sienne propre.

Il y a eu quelques discussions dans la famille pour savoir quel cadeau Herb et Suzanne devaient faire à Seth pour son certificat. Herb voulait lui acheter une voiture, mais Suzanne avait mis en doute ses talents de conducteur. Elle pensait plutôt à une chaîne stéréo. Là-dessus Herb apprit par Lynnette que ce dont Seth avait vraiment envie, c'était une machine à coudre. Il s'était mis à s'intéresser à la haute couture, avait-il raconté à Lynnette, et pensait même prendre des cours chez Parson's à l'automne prochain. Quand Herb en parla à Suzanne, elle répondit : « Je renonce. » Elle était tout à fait étonnée de découvrir que Seth avait fait ses confidences à Lynnette plutôt qu'à elle. Bruce lui aussi était étonné, mais pour d'autres raisons. « Bon, dit-il, si c'est vraiment ce qui lui fait envie, eh bien c'est d'accord. » Mais tout le monde a un peu d'appréhension à propos de ce cadeau. Cela ne ressemble pas précisément à un cadeau qu'on fait à un garçon pour la fin de ses études (même si le modèle que Herb a choisi est hypersophistiqué, avec programme informatique). Et Suzanne se demande comment Seth va réagir. Après tout, il ne lui a jamais dit un mot à propos de haute couture, de Parson's ou de machine à coudre. Il n'en a parlé qu'à Lynnette. Que va-t-il éprouver quand il va recevoir ce cadeau, et voir que son ambition intime se trouve exposée au grand jour dans une cérémonie publique ?

Vers deux heures, les invités commencent à arriver. Il n'y a plus trace du capharnaüm du matin, les fleurs ont été mises en place aux endroits stratégiques de la terrasse, et les plus jeunes des serveuses, debout, avec leur tablier immaculé, présentent, aux quatre coins, des plateaux de hors-d'œuvre chauds. Les premiers invités à arriver sont un couple du nom de Barlow, ils habitent à trente mètres mais sont quand même venus en voiture. Ils complimentent chaleureusement Suzanne et Bruce, sourient, s'extasient sur la journée magnifique, la glycine magnifique, la piscine magnifique. Suzanne reçoit leurs cadeaux de la main de Mrs. Barlow, tandis que Bruce serre gravement la main de Mr. Barlow.

« Il a meilleure allure en costume », glisse John à Lynnette. Ils sont tous deux assis sur le plongeoir, assez loin de la terrasse pour pouvoir faire des commentaires sur les invités sans être entendus. « Il y a des gens comme ça. Qui ont l'air complètement godiche jusqu'à ce qu'ils passent un costume. Ton beau-père a l'air tout pimpant maintenant. Il a l'air de quelqu'un qu'il faut prendre en considération. »

Lynnette sourit, tout en regardant sa mère faire des courbettes devant un second couple. « Il est capable de sortir quelques bons mots, répond-elle. Bruce connaît deux ou trois bonnes astuces. Du style "viril", bien sûr. »

John a entortillé ses jambes l'une autour de l'autre comme si c'était du fil de fer. Il annonce : « Je vois qu'il y a une table pour les petits.

— Eh oui. Pour une fois, Seth n'aura pas à s'y asseoir.

— Quand j'étais gamin, je détestais ça. Il m'est arrivé de refuser de manger quand ça voulait dire être à la table des petits.

— Ne t'inquiète pas, maman ne nous a pas placés là, mais pas bien loin tout de même. On est supposés manger à la table des jeunes adultes, avec des cousins à moi et ces gens de Queens. Mais j'ai changé les cartons. Maintenant on est avec papa, Miriam et Seth.

— Ta mère sait que tu as changé les cartons ? »

Lynnette sourit. « Elle s'en apercevra bien.

— Seth a encore disparu », dit John en regardant une fois de plus vers la maison. « J'espère que nous allons trouver une occasion de parler. C'est tellement bizarre de le voir dans ce contexte.

— Bah, il sera bientôt à New York. On le verra plus d'une fois, c'est sûr. Tout de même ça me démange de glisser la nouvelle à maman, en passant, tu vois ça d'ici : Maman, Seth et John sont amis intimes, ils vont ensemble à ce club, avenue A..., tu n'en as sans doute pas entendu parler... Elle en mourrait.

— Lynnette, ne fais rien de méchant ! » répond John.

Elle le regarde avec surprise : « Qu'est-ce que tu veux dire ?

— Je suis sérieux. Je suis désolé de te le dire comme ça, mais toute cette agressivité contre ta mère, ça m'embête. Changer les cartons et tout et tout. La question n'est pas d'être méchant sans raison, la question est différente.

— Je ne suis pas méchante sans raison. C'est une question de survie. On m'aurait coupée en morceaux plutôt que de me faire manger avec mes cousins, après tant d'années. »

John regarde le plongeoir, la piscine en dessous, lisse. « Nous devrions aller parler avec les autres.

— Qu'est-ce qui te prend, aujourd'hui ? En colère une seconde, l'instant d'après d'excellente humeur, tout va très bien.

— Écoute, j'ai dit ce que j'avais à dire, maintenant allons parler avec les autres. Il y a plein de monde qui arrive. »

Il se lève, chasse quelques feuilles de ses cuisses et tend la main à Lynnette. « On y va ?

— D'accord. » Elle se lève, prend son bras, et ils remontent lentement la pente de gazon qui mène à la terrasse.

« Oh ! Lynnette », dit Suzanne quand ils arrivent à portée de voix, « tu arrives juste à point pour voir les Friedlander. Tu te rappelles Steve et Emily Friedlander, n'est-ce pas ?

— Bien sûr je me rappelle, j'ai fait du baby-sitting pour vous quand j'étais au lycée.

— Oui, oui, je me souviens, dit Mrs. Friedlander en serrant la main de Lynnette.

— Et voici John Bachman, avec qui Lynnette partage son appartement.

— Je travaille dans l'édition, dit John, en réponse à une question de Mr. Friedlander.

— Ça ne rapporte pas lourd, n'est-ce pas ? dit Mr. Friedlander, mais il faut bien que quelqu'un le fasse. Emily et moi sommes des lecteurs passionnés. Comment s'appelle votre maison ? »

John dit le nom, et Emily lance : « Steve, est-ce que ce n'est pas nous les propriétaires ? », puis elle rit.

« Cocktail au champagne », annonce une des jeunes filles avec son plateau. « Mousse de poisson », dit une autre, et une troisième : « Pâté impérial ».

Lynnette et John s'avancent vers les cocktails au champagne et en prennent deux chacun. Suzanne en prend un et le boit rapidement et délicatement. Seul Bruce remercie, il ne boit pas. Quelqu'un court à l'intérieur lui chercher du jus de pomme pétillant.

Dans le hall, les cadeaux s'amoncellent – rubans argentés, emballages élégants avec des nœuds compliqués qui scintillent sous les lampes.

Seth finit par faire son apparition vers trois heures, tout chiffonné, bien qu'il porte un costume qu'on vient de repasser. Il est presque aussitôt englouti par un cercle de grand-mères, de tantes et de grand-tantes venues en taxi de Brooklyn, du Bronx, de Yonkers. « Sethela, dit Pearl avec fierté, tu as l'air aussi élégant qu'un vrai homme. Quel âge as-tu maintenant ?

— Bientôt dix-huit. » Par-dessus les têtes de ces petites dames, il échange un regard et un signe de tête avec John, qui, des yeux, indique le vestiaire près de la piscine. Seth regarde son ami chuchoter au revoir à Lynnette et descendre la pelouse vers la piscine.

« Alors ? quels sont tes projets ? dit Pearl. Raconte-nous tout, raconte tes projets, mon grand, mon grand homme, mon diplômé. »

Depuis la table des petits où elle dispose des assiettes en papier et des napperons spéciaux, Suzanne voit Seth parler. Les enfants de Bruce, Linda et Sam, seront à la table des petits, avec deux bébés, quelques nièces boutonneuses et le fils de Concetta, l'ancienne bonne, qui a dix-sept ans. Suzanne peut voir Linda et Sam sous le porche regarder d'un air maussade cette réception pleine d'étrangers. Elle pense que ces enfants constituent une menace. Elle se sent un peu pompette après deux coupes, et elle pense qu'elle va en reprendre.

Et là, de l'autre côté du porche, il y a Lynnette qui, alors qu'elle était à la recherche de John, a été saisie par un désir plus fort de trouver son père. S'apercevant qu'il n'est pas encore arrivé, elle s'est assise et a décidé d'analyser le comportement de sa mère qui est en train de boire une coupe de plus. Son pronostic : les choses sont en train de se retourner contre Suzanne (retournement qui sera complet quand elle s'apercevra de l'échange des cartons). C'est alors que Lynnette se rappelle ce qu'a dit John, et elle ressent un petit pincement de culpabilité. Pourtant ce n'est pas sa faute, se dit-elle, si Suzanne aime toujours Herb, si Bruce est faible et moins bien que lui. Peut-être a-t-elle tort de prendre un tel plaisir à voir sa mère dans une situation pas gaie. Et pourtant elle a si peu d'occasions de plaisir, et puis, si elle ne dit pas un mot, ne fait pas un geste pour lui rendre les choses pires qu'elle ne se les est rendues elle-même, qui pourrait l'en accuser ? Au bout du compte, décide Lynnette, avec cet échange de cartons, elle rend service à sa mère en lui évitant d'être à la table de Herb et Miriam qui ne se cachent pas d'être amoureux l'un de l'autre, ce qui ne peut que rendre Suzanne jalouse et malheureuse.

Où est John ? Il a disparu quelque part. Seth est toujours entouré par le cercle de vieilles dames. Sa mère boit, rit, bavarde. Bruce tient la main de sa femme avec une sorte d'hésitation, l'hésitation d'un homme qui n'est pas très sûr de ce à quoi il s'accroche.

Personne, pas même Lynnette, ne remarque le moment où Seth se glisse hors du groupe familial et va vers le vestiaire de la piscine.

Debout dans la cuisine, Suzanne s'accroche au buffet, si fort que les jointures de ses doigts en deviennent blanches comme du marbre. Elle se mord la lèvre inférieure et refoule une vague de nausée. C'est que tout à coup, sans raison, alors qu'elle était avec son mari, elle s'est sentie aussi seule et abandonnée que le premier jour après le départ de Herb quand elle s'était levée et que, vacillante au milieu du living-room, elle s'était mise à pleurer. Ce n'est vraiment pas utile, se dit-elle. Elle est dans une nouvelle maison, elle est une personne nouvelle, elle est entourée d'amis et de relations, elle donne une réception. Et pourtant rien de tout cela ne lui paraît réel. Pourquoi est-ce maintenant, alors qu'elle n'a pas de temps pour la maîtriser, que la souffrance revient ?

Elle respire profondément, compte ses inspirations. À côté d'elle sur le comptoir il y a un verre de martini, à moitié plein. Sans réfléchir, elle l'avale, et s'aperçoit seulement après qu'on a éteint un mégot dedans. Une chaleur agréable la pénètre et semble l'engourdir. Elle a désespérément envie de disparaître, de regarder la télévision, d'aller faire des courses. Mais elle ne peut pas, elle ne doit pas.

La boisson lui a rendu des forces, au moins pour un moment, et elle revient vers les autres à l'extérieur.

Sitôt qu'elle sort, Suzanne comprend que Herb est arrivé, son nom est sur toutes les lèvres, comme un arrière-fond sonore. Il porte un costume à rayures noires et une cravate rouge, il est accompagné d'une jolie femme blonde d'une trentaine d'années, vêtue d'une robe blanche : Miriam. Herb a parlé d'elle l'autre jour au déjeuner. Il est possible qu'ils se marient au printemps.

« Papa ! papa ! » s'écrie Lynnette, abandonnant sa recherche de John et Seth. Et de là où elle est assise elle s'élance vers lui en bousculant presque Suzanne sur son passage.

« Bonjour, ma petite poupée », dit Herb, en enlevant dans ses bras la pesante Lynnette, haut en l'air, comme si elle était une plume. Miriam est debout à côté de lui, les mains croisées tenant un petit cadeau. Elle est femme à savoir rester debout et paraître à l'aise en attendant d'être présentée, et pendant qu'on la jauge.

« Bonjour, Miriam, dit Lynnette, je suis contente que vous ayez pu venir », et elle chuchote à l'oreille de Herb quelque chose que personne ne peut saisir.

« Bonjour, Herb », dit Suzanne en s'avançant pour l'accueillir. Si elle n'était pas au courant pour Miriam, elle pourrait dire quelque chose de maussade, du style : « Qui est ton amie ? » Comme elle est ivre, elle n'a pas du tout conscience que sa voix résonne.

« Tu es radieuse, comme d'habitude », dit Herb. Miriam sourit.

« Oh ! Miriam », dit Herb en se rappelant tout à coup sa compagne, « Suzanne, je te présente Miriam. Miriam, voici Suzanne.

— Bonjour, Suzanne, dit Miriam, Herb m'a tant parlé de vous », et elle tend la main avec gentillesse.

« À moi aussi, répond Suzanne.

— Bonjour, Herb ! » Tout à coup surgit aux côtés de Suzanne un petit homme qui serre la main de Herb. « Ça fait plaisir de te voir, mon vieux. » Suzanne le regarde, un peu étonnée, puis elle se rappelle qu'il est son mari.

« Je vous laisse causer ensemble. Mon devoir de maîtresse de maison m'appelle », et Suzanne se glisse vers la cuisine. Elle n'a pas l'habitude de boire, et quand elle le fait il y a une raison. Dans ces rares cas, comme aujourd'hui, l'alcool a sur elle un effet énorme, et elle est prête à le recommander comme une drogue miracle. Elle est prête à faire des spots publicitaires pour vanter son efficacité. Elle pourrait peut-être en parler à Mrs. Ferguson. Elle pourrait dire, c'est étonnant ce que ce truc est capable de faire. Après tout, nous sommes tous des éléments chimiques. Et d'un coup, son corps n'est plus qu'éléments chimiques, un bac à interactions, inattaquable.

Les serveuses découpent des gigots. « Nous sommes prêts à servir quand vous voulez, Ma'ame », s'écrie la vieille dame avec la toque de chef.

« Oh ! je suis prête, dit Suzanne, je suis prête à tout. »

De fait elle est à peine surprise quand elle voit son nom sur un carton à la table des cousins de Queens. Elle se souvient d'avoir arrangé les choses différemment. Peu importe. Les cousins de Queens peuvent être drôles, pourvu qu'on les regarde et les écoute de la bonne façon.

Au moment précis où on sert les amuse-gueule, Seth et John réapparaissent, un peu essoufflés.

« Où étiez-vous ? demande Lynnette.

— On a fait un tour », répond John, et ils s'assoient à table, près de Herb.

« C'était bien ? demande Herb.

— Oh ! oui, répond Seth, très bien. Bonjour, Miriam. »

Derrière eux, à une autre table, Suzanne lève son verre de vin et dit « *Mazel tov*, pour tout le monde ». Nichée bien à l'abri entre Herb et John, Lynnette ne sourit même pas.

« Suzanne », dit Bruce en s'asseyant juste à côté d'elle, « tu te sens bien ? Tu as les yeux tout rouges. »

Le soir, les tables ont été desservies. Les serveuses nettoient la cuisine, d'après le bruit du lave-vaisselle. La vieille dame avec la toque de chef, tout à l'heure si irritable, est assise dans un coin, elle frotte une poêle en cuivre et chantonne *Dieu bénisse l'enfant*. Près du plongeoir, Suzanne regarde les taches pourpres que font les nuages qui se déplacent et se heurtent les uns les autres. Elle a vaguement conscience que quelque part derrière elle des gens sont en train de parler, des parents pour la plupart (les Barlow ou les Friedlander sont partis depuis longtemps). Elle a du mal à reconnaître chaque voix. Pourtant elle ne se sent pas faible. Bizarrement, elle se sent forte – assez forte pour se frayer un chemin tout au long du dîner et avoir empêché Myra de parler sans arrêt de dentiste. Une fois encore elle est arrivée au-delà du désespoir. Elle se demande seulement combien de temps il va y avoir avant la prochaine attaque, et si le gouffre va s'élargir.

Un éclat de rire monte dans le patio, et une voix – la voix de John – dit : « Allons, s'il vous plaît, dansez avec moi, je vous en prie. » Suzanne se lève et avance en titubant vers la maison pour savoir d'où vient cette agitation. On dirait que Seth fait passer sur la stéréo une bande d'airs de danse, c'en est une qu'il a enregistrée pour une soirée à l'école, et un air disco avec des paroles en allemand s'échappe, tonitruant, par les fenêtres de la grande pièce. La personne que John essaie d'entraîner pour danser avec lui est Pearl, qui remue la tête, non, non, et se recule en riant au moment où il lui tend les mains et la supplie.

« Allons, Pearl, vas-y, dit un oncle, tu adorais danser avec les jeunes gens. » Oui, rugit toute la famille. Danse. Et tout à coup, elle accepte, un large sourire s'épanouit sur son visage.

Pearl danse avec une énergie incroyable. Elle frappe le sol et lève les talons, et ses sœurs, cousins et petits enfants, faisant cercle, l'applaudissent bruyamment et l'encouragent. Même Seth crie et saute de joie. Lynnette est assise avec Miriam et Herb à une petite table de jardin. Ils observent le spectacle avec le sourire poli de touristes en train de regarder une danse de sauvages, et qui aimeraient bien eux aussi être des primitifs et participer. Lynnette lance un coup d'œil à Miriam, dont le visage est un parfait modèle de calme. Quel contraste, pense-t-elle, avec le mauvais goût voyant de sa mère dans une réception ; comme il fait bon être avec Miriam, aimable et pleine de tact. Lynnette ne peut s'empêcher de sourire et de tendre la main vers celle de Miriam, qui s'élève avec légèreté puis retombe exactement à sa place.

Sur la bande, l'air suivant est *It's Raining Men*. Pearl imite la façon qu'a John de danser, sur ses longues jambes, pour le plus grand plaisir de tout le monde autour d'elle – même de Suzanne qui maintenant s'arrête au bord du patio et renverse la tête en arrière en frappant dans ses mains, elle rit à gorge déployée. Voici qu'elle s'avance en titubant vers la table à laquelle sont assis Herb, Miriam et Lynnette, elle tend les mains : « Viens danser, allons, Herb, viens danser avec ta femme en souvenir du vieux temps. »

Herb la regarde embarrassé. « Vas-y, Herb, lui dit Miriam, je crois que c'est une excellente idée », et elle lui sourit. Lynnette aussi, mais elle a les yeux exorbités. Son maquillage a coulé en cernes noir et mauve sous les yeux ; assise comme elle l'est, elle ressemble à un Satan, invité dans une réception chic et idiote, comme Suzanne en a vu un une fois dans une vieille bande dessinée. Il était assis à une table, dans toute sa laideur, et personne sur la gravure ne semblait le remarquer. La légende disait : *L'hôte inattendu*.

« Je t'en prie, Suzanne, dit Herb, je n'ai pas très envie de danser.

— Mais ça n'ennuie pas Miriam, n'est-ce pas ? dit Suzanne.

— Allez-y. Ne vous arrêtez pas pour moi », répond Miriam.

Suzanne attrape Herb par la main et le hisse sur ses pieds. « Viens », dit-elle assez fort pour faire se retourner plusieurs parents, qui les regardent. « On va montrer à cette jeunesse ce que c'est que danser. »

Herb n'a pas le choix, et il la suit. Elle le remorque, entre deux de ses cousins, vers le centre du patio où John et Pearl continuent à faire des prodiges.

Pearl, qui a du plaisir à être le centre du spectacle, regarde sa fille avec irritation et suspicion. « Allons, maman, tu ne peux pas monopoliser l'attention toute la soirée », et, agrippant les mains de Herb, elle l'entraîne en chaloupant dans un pas désordonné.

Mais *It's Raining Men* se termine. L'air suivant, sans transition, est *Smoke Gets in Your Eyes*. John s'agenouille et supplie Pearl qui le repousse : « Non, je n'en peux plus, je suis trop fatiguée.

— Vous allez me briser le cœur. Mon cœur se brise.

— Ça fait plaisir de voir que tu n'as pas oublié comment on flirte, maman », lui dit Suzanne, et tout le monde rit. Elle a agrippé fermement Herb autour de la taille, pour s'assurer qu'il ne va pas essayer de la quitter au milieu du slow. Et voici que, seuls au milieu du cercle, ils se tortillent, Herb essayant de garder ses distances, et Suzanne à chaque instant l'attirant à elle jusqu'à ce que leurs poitrines se touchent.

« Hé ! dit Herb, j'ai une idée, faisons une danse en famille. Avec toute la famille. Viens, Seth. »

Tout le monde approuve. Seth refuse de la tête, mais c'est une pure façade. Sa grand-mère le pousse dans les bras grands ouverts de ses parents qui l'accueillent. L'air continue, et, tous les trois, ils tanguent au hasard dans le patio. « Quand une vieille flamme s'éteint, chante Suzanne, on sait ce qui arrive. »

Au-delà du cercle, on entend un bruissement. Quelqu'un essaie de persuader Lynnette de se joindre à la danse. Et même plusieurs tantes l'ont soulevée et la poussent vers le parquet improvisé, sans tenir compte de ses protestations et refus sous prétexte qu'elle n'a pas envie de danser.

« Allons, lui dit Pearl, ne fais pas la tête. Danse avec la famille, ma chérie. »

Mais faire la tête, c'est exactement ça que désire Lynnette. « Je ne veux pas », dit-elle en grinçant des dents, et elle se dégage de l'emprise de ses tantes. Mais ça ne sert à rien. Il s'est ouvert un vide dans le cercle, John a attrapé le bras de Lynnette si fermement qu'elle en a les larmes aux yeux. « Allons, dit-il, danse.

— Laisse-moi partir ou je crie.

— Tais-toi et ne fais pas l'enfant », répond John et il la pousse au centre du cercle, dans le cercle intime et tournoyant de sa famille.

Ils se referment sur elle, comme une bouche. C'est moite, à l'intérieur, ça sent l'alcool et le parfum. Les bras enlacés, se cognant la tête les uns aux autres, la famille titube, à peine capable de garder l'équilibre. « Je t'aime, mon petit », dit la voix de Suzanne, venue d'on ne sait où, et une bouche se colle aux cheveux de Lynnette.

Voici qu'elle pleure. À part la musique, ses pleurs sont le seul bruit qu'on entende, car tout autour, les autres, soudain, se sont tus et regardent avec de grands yeux. Herb a beau étreindre son épaule, il a beau chuchoter à son oreille « Tout va bien, ma chérie », elle se sent absolument inerte, comme la dernière fois qu'il l'a poussée sur la balançoire. Elle allait de plus en plus haut, comme si la force qu'il manifestait démontrait qu'elle n'était pas si grosse que ça. « Papa ! Arrête ! J'ai peur ! » Elle avait les mains agrippées aux chaînes, la bouche ouverte. Ce n'était pas la hauteur qui lui faisait peur, c'était lui, c'était sa façon de continuer à pousser, comme si la balançoire était magique, et comme si en la poussant il pouvait la transformer, pour toujours, en une jolie petite fille, celle qu'au fond de lui il désirait avoir.

Rayons

À table, dans la cuisine, deux sœurs et un frère étaient assis, occupés à regarder *General Hospital* à la télévision.

Est-ce que Monica est gentille ou méchante, en ce moment ? demanda la plus jeune, une fillette de huit ans.

Je ne peux pas te dire, répondit le frère qui revenait d'une session d'été pour jeunes gens entrant à l'université.

Tais-toi, tais-toi, tu m'empêches d'entendre, dit la sœur aînée en chassant de la main une mouche qu'attirait sa peau moite.

Tout d'abord elle est méchante, je crois, puis elle a été gentille et maintenant elle est de nouveau méchante, dit la femme de ménage, une intime du feuilleton depuis le commencement.

La cadette se leva et courut à travers la maison jusqu'à la chambre de sa mère. En chemin elle jouait à un jeu de son invention, avec des cabrioles et des tourbillons.

La mère était montée sur son vélo d'appartement et elle aussi regardait *General Hospital*.

Une fois de plus, la gamine demanda : Est-ce que Monica est gentille ou méchante ?

Je ne sais pas, répondit la mère, en relevant et rabaissant le guidon, pour améliorer son tonus musculaire. Je n'arrive jamais à dire.

Sur l'écran, Monica et Lesley se disputaient sur le dos de Rick.

Une sonnerie grésilla, un spot publicitaire passa. La mère descendit de son vélo, s'assit devant sa coiffeuse et commença à se peigner. Elle avait une coupe spéciale, faite par un coiffeur spécialisé dans les coiffures pour dames suivant le traitement. En passant, le peigne démêlait les mèches, les décollait du cuir chevelu et révélait les plaques chauves qui étaient masquées.

Tu veux venir avec moi au centre de radiothérapie ? demanda la mère à sa fille.

Non, j'aime mieux regarder la télé. Bear et Ivy ont qu'à y aller. Ils y sont encore jamais allés.

C'est vrai, dit la mère. Elle se mit du rouge à lèvres, puis se tamponna avec un Kleenex pour enlever le surplus.

Les enfants ! Vous êtes prêts ? demanda la mère en faisant son entrée dans la cuisine.

On est prêts, répondit la sœur aînée.

Tu veux bien penser à mettre tes chaussures ? S'il te plaît.

La sœur aînée regarda son frère et grimaça en se creusant les joues et en faisant onduler sa langue, comme neuf personnes sur dix sont capables de le faire. Puis elle toucha le bout de son nez avec la pointe de sa langue, sourit et lança d'une voix de fausset : Oui, maman chérie.

Dans la voiture, le garçon, qu'on appelait Bear (l'ours), s'allongea de tout son long sur le siège arrière. Sa sœur, qui avait commencé une psychothérapie – à titre de formation pour devenir psychothérapeute –, était en train d'expliquer que, souvent, des enfants qui ont entretenu avec leurs parents des relations anormalement étroites se trouvent à l'âge adulte incapables de se détacher d'eux. En conséquence de quoi, ils se débrouillent de leur agressivité en se rebellant sans cesse jusqu'à un âge avancé, au lieu tout simplement de laisser aller les choses en disant mes parents sont ainsi faits et je les accepte comme ils sont. Et, en vint-elle à expliquer, c'était exactement pour cette raison que sa vieille amie Katie avait agi comme elle l'avait fait. Ce qu'elle avait fait, c'était passer par toutes les étapes rituelles d'un vrai mariage avec son petit ami, alors qu'en réalité ils n'avaient jamais obtenu la permission légale.

Et en plus la cérémonie avait été d'un goût douteux, chacun d'eux jurant d'aimer, honorer et chérir l'autre, et d'être toujours prêt à baiser avec lui.

Si bien que, tu vois, conclut la fille, c'est une situation très compliquée quand on la regarde d'un point de vue psychologique.

La mère ne voyait pas les choses de cette façon. À son avis, ça n'était qu'une gosse pourrie, et quelle idée, c'était bien la dernière chose à faire, une véritable pourriture. Keith, le père de Katie, son propre père, analysait-elle, est en train de mourir, il a envie de voir sa fille mariée avant de s'en aller. C'était trop demander ? Hein, c'était trop ? J'ai toujours su que Katie était une salope, dit la mère. Elle ne pense qu'à elle. Égoïste.

La fille se tortilla sur son siège et, une fois de plus, tira la langue. C'est plus compliqué que ça, répéta-t-elle. Je ne vois rien de compliqué dans tout ça, rétorqua la mère.

Écoute, tu vois bien ce que je veux dire. Et pendant ce temps, la fille jouait avec la commande électrique de la vitre.

Écoute, dit-elle, Corinne, bizarrement...

Ne joue pas avec le bouton de cette vitre, ça a déjà cassé une fois cette année.

Corinne, reprit la fille, Corinne bizarrement est jalouse de Keith.

Corinne était la femme de Keith, elle avait passé un doctorat, sur le tard.

Jalouse ! dit la mère, jalouse d'un moribond ! Elle ne peut pas attendre que...

Écoute... maintenant la fille jouait avec sa ceinture de sécurité. Elle n'est pas loin de souhaiter que ce soit elle qui meure, parce qu'elle pense qu'elle est bien plus malheureuse que lui et qu'il lui faut trouver une raison à ça. À mon avis, en réalité elle est heureuse que Katie et Evan ne se soient pas mariés pour de bon, même si elle n'est pas prête à l'admettre.

Ce n'est pas mon avis, dit la mère, Corinne aussi c'est une sournoise. Jalouse ! Si elle était jalouse, pourquoi est-ce qu'elle voudrait épouser ton père ?

Quoi ?

Le garçon qui était couché derrière s'assit brusquement.

Quoi ? dit-il, à nouveau.

Ce n'est rien, Bear, dit la sœur.

Allons, Ivy, il est assez grand maintenant. Tout ça, Bear, c'est parce qu'une fois Corinne s'était soûlée et qu'elle avait dit à papa que quand je serais morte et que Keith serait mort aussi, ils pourraient se marier tous les deux.

Le garçon éclata d'un rire nerveux, peut-être de soulagement. C'est de la blague, dit-il.

Et fais bien attention à ne raconter ça à personne, surtout pas à ta petite sœur.

Bien sûr je n'en parlerai pas.

Pendant ce temps ils étaient arrivés au centre de radiothérapie, tout neuf, moderne et en sous-sol. Ils prirent un ascenseur pour descendre et arrivèrent dans une vaste salle d'attente, chic, avec les murs couverts de moquette.

Waouh ! dit la sœur.

N'est-ce pas que c'est joli ? dit la mère en souriant. Elle les guida pour traverser la pièce. C'était joli. Toutes les tables étaient équipées d'échiquiers et de tableaux de jacquet incorporés. Sur les murs il y avait des Folon, des O'Keeffe et des Wyeth. Partout des livres et des revues, des jouets et des puzzles pour les enfants. Les couleurs étaient brillantes et gaies, mais pas au point d'être perçues par les mourants comme une insulte, le décorateur ayant pris conseil d'un célèbre spécialiste en thanatologie.

C'est joli, non, Bear ? Tu vois, à travers la vitre, c'est là qu'on fait le traitement.

Derrière un immense panneau vitré – trop grand pour qu'on puisse appeler ça une fenêtre –, le fils pouvait voir une table plane, aux reflets argentés, qui avait l'air froide. On aurait dit une île posée au milieu de la pièce derrière la vitre. Au-dessus, une grosse machine qui ressemblait à une mitrailleuse braquée vers le sol depuis le plafond.

Ils traversèrent jusqu'à la salle des infirmières.

Bonjour, Joanne, dit la mère à l'infirmière.

Ça fait plaisir de vous revoir, Gretl, répondit celle-ci. Ce sont vos enfants ?

Bien sûr. Voici Ivy, et voici George, mais on l'appelle Bear.

Ta mère n'arrête pas de parler de toi, mon vieux, dit l'infirmière au garçon. Alors comment sont ces nouveaux meubles de jardin ? Vous les avez reçus ?

Bien sûr. Ils sont très bien. Mais vous savez ce que c'est, des meubles qu'on laisse dehors ça s'abîme toujours. Je ne m'attends pas à ce qu'ils durent plus d'un an.

Tout de même, dit l'infirmière, Frank et moi avons toujours le même ensemble depuis trois ans maintenant. Où est-ce que vous avez acheté les vôtres ?

Le garçon se détourna de la conversation pour regarder un homme âgé qui sortait de la rangée des petites cabines de vestiaire. Sa sœur le regarda regarder. Le vieil homme avait passé une blouse blanche qui s'attachait dans le dos. Il avait gardé ses chaussures de ville, noires, et de petites socquettes noires ; il avait les jambes maigres et blanches. Après avoir pris le temps d'allumer sa pipe, il s'assit dans un coin et lut un numéro de *Time*.

Tout près, deux fillettes jouaient. Il se rappela sa petite sœur lui disant qu'il y avait toujours des enfants avec qui jouer au centre de radiothérapie.

Lurene demandait après vous, dit l'infirmière. Dommage que vous l'ayez manquée.

Lurene était une personne dont le garçon avait entendu parler, elle faisait partie du monologue quotidien de sa mère à table, monologue où il était question de sa vie au centre de radiothérapie. C'était une femme âgée, standardiste, qui souffrait de la même maladie que la mère, mais à un stade moins avancé. Elle avait peur, parce que les médecins lui donnaient des nouvelles contradictoires. Mais la mère, avec énergie, l'avait prise sous son aile, en lui disant exactement de quoi il retournait et en présentant son propre cas comme la preuve qu'on pouvait surmonter la maladie.

Lurene, maintenant, savait de quoi il retournait.

La mère entra dans une petite cabine pour se changer, si bien que le frère et la sœur s'assirent. Le garçon prit un numéro de *Highlights* ; la fille se mit à se mordiller une mèche de cheveux.

Du cran, Bear ! dit la sœur[1].

Le fils posa la revue.

C'est juste que je n'aime pas cet endroit. Elle fait comme si c'était le bonheur, pourquoi est-ce qu'elle fait semblant d'aimer venir ici ?

Les gens se débrouillent comme ils peuvent, dit la sœur en essayant de ne pas avoir l'air trop sentencieux.

Je ne sais pas. Je crois que je me sens mieux quand papa est à la maison. Tout va mieux quand il est là.

Il se replongea dans sa revue.

Tu sais qu'ils ont des problèmes, Bear, de gros problèmes. Il y a tellement de colère entre eux. Mais la colère, ça n'est pas la haine, Bear.

Ce n'est pas comme si elle allait mourir dans l'année, répondit le frère sans lever les yeux de sa revue. Corinne

1. Jeu de mots intraduisible : Bear up Bear !

a envie de faire passer maman pour plus malade qu'elle n'est.

Bear…

Ne dis rien, Ivy, coupa le frère en se levant. Tu crois tout savoir. Moi, j'ai vécu avec eux. C'est sûr, il l'aime. Plus que tu ne crois. Peut-être même plus qu'il ne croit. Je te le dis, moi, je l'ai vu. Il y a des choses qu'aucun de nous ne sait, des choses que toi, tu…

Bear ! quand est-ce que tu vas te décider à regarder en face…

Mais il lui avait tourné le dos.

La mère ressortit de la cabine, vêtue d'une blouse d'hôpital blanche, avec un grand sourire.

Ça n'est pas la pointe de la mode, plaisanta-t-elle, en tournant sur elle-même. Le fils se mit à rire. Sa robe était fendue dans le dos, sans respect pour sa pudeur, et il pouvait apercevoir de petites jambes, son soutien-gorge, sa grande culotte à fleurs – des « culottes » comme on les appelait dans les magasins d'articles pour dames, pour les distinguer des panties.

Elle passa derrière la table et s'allongea. Le fils se leva pour la voir. Il eut l'impression qu'elle avait eu un recul quand sa peau avait touché le métal froid. Il voyait, à l'autre bout du panneau vitré, un technicien qui manipulait les commandes.

Une fois, deux fois, la machine passa au-dessus d'elle en balayant l'obscurité. Il fallait qu'elle reste parfaitement immobile. On ne pouvait pas voir ce miracle : les rayons qui brûlaient les tumeurs et les faisaient disparaître.

Je me demande comment ça marche, dit la sœur. Mais son frère ne faisait pas attention à elle. Il avait le visage appuyé contre la vitre. Il était en train de se rappeler des histoires que sa mère lui avait racontées, pour l'inquiéter pensait-il. Des histoires où il était question du garçon qui lui avait volé son déjeuner chaque jour pendant un an ; du docteur qui, lui avait-on dit, allait juste l'examiner, et au lieu de cela, il l'avait forcée à se coucher sur la table de la salle à manger et lui avait arraché les amygdales ; du chien qu'elle avait eu au début de son mariage, le chien qui s'appelait Brownie, qui avait été empoisonné sans raison par un voisin psychotique, c'était pour ça que les enfants n'avaient jamais eu de chien. Et il se la rappelait l'année dernière disant au père, peut-être que cette année je vais aller en Italie avec toi, et le père, en aparté, lui avait répondu, non, il ne voulait pas qu'elle vienne en Italie avec lui, et elle lui avait dit c'est bon, c'est bon, ça ira comme ça, je reste ici. J'ai la piscine, mes amis, tout ce dont j'ai besoin, et quand elle raconta tout ça à son fils, elle l'avertit bien, n'en dis pas un mot à ton père, j'ai quand même ma fierté.

Non, pensait le fils, je vais me rappeler les autres histoires, les histoires qu'elle racontait quand elle était ivre, ou heureuse. Des histoires sur les docks, quand elle était soudeuse. J'étais la meilleure de mon atelier, lui avait-elle raconté. Mais j'étais une femme, alors je n'ai jamais eu d'augmentation. Si ç'avait été aujourd'hui, je me serais plainte.

Puis elle avait dessiné des tenues pour soudeuses. Les syndicats étaient malhonnêtes. Des Italiens échangeaient les sandwiches à l'aubergine que leur préparaient leurs femmes dans le ghetto, contre les tartines de thon qu'elle avait. Et le fils savait qu'ils avaient eu du désir pour elle, dans sa combinaison ajustée.

Tout ça, c'était il y a longtemps, avait-elle dit pour finir.

Pourquoi est-ce que tu ne recommences pas à souder ?

J'en serais incapable. Je suis trop vieille, trop installée pour changer.

Il la regardait à travers la vitre. La machine passa une nouvelle fois au-dessus d'elle. Il eut très envie de la toucher à travers le verre. Mais, bien sûr, il ne le put pas.

Elle continuait à rester parfaitement immobile. Il entendit sa sœur haleter. Il se retourna vers elle, elle était pliée en deux, la main devant la bouche, les yeux rouges, retenant une vague de larmes qui l'avait envahie comme un accès de toux. Puis la lumière redevint normale, la mère se leva. Elle sortit.

C'est tout ? demanda le fils.

Eh oui... c'est tout. Aussi simple que deux et deux font quatre.

Il faut que j'aille aux toilettes, dit la sœur, et elle partit en courant. Elle finit par ressortir. La mère se rhabilla. Ils partirent.

Quand ils arrivèrent à la maison, la plus jeune sœur et la femme de ménage regardaient *The Edge of the Night*. La plus jeune sœur avait obtenu ce qu'elle voulait, elle avait fait cuire des gâteaux, si bien que la cuisine était pleine de bols, de couteaux, de casseroles, le tout collant de graisse et de pâte séchée.

April ne sait pas que Draper est vivant, et elle va se marier avec Logan, raconta, tout excitée, la petite. Et ils vont kidnapper Emily pour avoir l'argent de Kirk, mais Kirk c'est pas Kirk, c'est Draper.

Mon Dieu, dit la mère en regardant la saleté de la cuisine, sacré bon sang je t'ai dit de ne jamais faire ça sans ma permission. Tu fais la cuisine et après c'est moi qui nettoie derrière toi tout ton bon sang de bazar. C'est pas juste. C'est vraiment pas juste.

Elle leva les mains vers eux tous, personne n'aurait pu dire si c'était pour les repousser ou pour les embrasser. Elle les regarda et son visage se tordit comme si elle avait une attaque. Puis elle se détourna. Ils l'entendirent sangloter en courant dans l'entrée.

Les enfants étaient abasourdis. Ils avaient l'habitude qu'elle se mette en colère contre eux, mais pas qu'elle pleure. Ils restèrent assis où ils étaient. La petite sœur commença à chantonner.

C'est drôle comme dans les feuilletons les gens meurent un jour et puis reviennent la fois d'après.

Sur la terre comme au ciel, répondit la femme de ménage.

Les deux autres gardaient le silence. Le fils se leva et marcha vers la chambre de sa mère, sans faire attention à sa sœur qui essayait de le retenir.

La porte de la chambre était fermée. Il resta derrière un long moment, lui sembla-t-il. À la fin, il frappa. Elle ne répondit pas. Il ouvrit tout doucement la porte. Sur son immense lit, la mère était couchée toute recroquevillée, minuscule, elle pleurait sans bruit. Il s'arrêta derrière elle.

Maman…

Elle ne répondit pas. Elle s'était arrêtée de pleurer, elle avait des sanglots maintenant.

Maman, dit-il de nouveau.

Elle ne leva pas les yeux. Ça va, Bear, je vais bien, finit-elle par dire.

Le fils avait envie d'embrasser sa mère, mais il savait bien qu'il ne pouvait pas. Quelque chose le retenait – cela même qui l'avait toujours retenu. Il y avait une loi.

J'espère que tu vas aller mieux, maman. Puis il quitta la pièce.

Elle hocha la tête. Elle était contente qu'il soit parti. Ça l'ennuyait d'avoir à le consoler pour ce qu'elle endurait, elle.

Once I knew a sailor, se mit-elle à chantonner pour elle-même, un marin venu de la mer… et elle se mit à penser à sa propre mère, qui avait trop d'enfants et ne savait pas assez d'anglais.

Petit à petit, elle se leva, se sécha les yeux, se moucha. Devant son miroir, elle tira violemment sur ses cheveux courts. Il n'en vint aucun. Bon, pensa-t-elle, c'est toujours un jour de plus. En fin de compte, elle allait peut-être suivre les conseils de son coiffeur et s'acheter une perruque. C'est tout de même drôle comme on peut s'habituer, même aux changements les plus effrayants, comme on peut s'accommoder même de ce qui paraissait inimaginable.

Allons, tout allait s'arranger ! Elle allait s'excuser et le dîner se passerait bien. Pourquoi, seulement cinq ans plus tôt, se serait-elle évanouie de douleur en subissant les examens qu'elle passait aujourd'hui sans y penser ? Elle aurait vomi à la vue des cicatrices sur son corps. Elle aurait pleuré par crainte de la mort. Plus maintenant.

Pourtant, en se regardant dans le miroir, elle se rappela la jeune fille rebelle qu'elle avait été autrefois, et elle fut désolée de ne plus pouvoir la trouver au fond d'elle-même pour se donner du courage.

De ce côté-ci

Elles sont alignées de la plus vieille à la plus jeune : Gretchen, Carola et Jill. Leonard les cadre dans son viseur. Quand il les voit ainsi, debout, en train de poser, il se rend compte de leurs ressemblances – la forme de leurs pommettes, leurs yeux fendus en amande, leurs lèvres minces – mais, s'il ne les connaissait pas et s'il les rencontrait séparément, jamais il n'irait imaginer que ce sont des sœurs. La femme de Leonard, Gretchen, est tout à la fois la plus grande et l'aînée. Pour se faire belle, elle ébouriffe ses cheveux et rit. Carola, les cheveux plus courts que sa sœur, et la bouche plus petite, pousse un gros soupir. Jill, qui est pieds nus debout à côté d'elle, saute d'un pied sur l'autre sur le ciment brûlant.

« Dépêche-toi, Leonard. Il faut que je fasse à dîner, dit Carola.

— Le temps de mettre au point. »

Les sœurs bougonnent et se prennent le bras. Grâce à l'appareil photo, pense Leonard, il a réussi à fixer une image qui n'a rien à voir avec ces femmes prises isolément, mais bien davantage avec la façon dont leurs corps s'écartent les uns des autres, dont leurs bras se raidissent quand ils se touchent.

« Ça brûle trop pour qu'on reste comme ça plus longtemps », dit Jill. Elle lâche le bras de Carola pour chasser une mouche.

Il prend la photo. L'appareil recrache un carré de papier photo, tout voilé de vert. Aussitôt les sœurs se détachent les unes des autres et retournent à ce qu'elles faisaient – Gretchen vers le porche, Carola vers la cuisine tandis que Jill sautille de dalle en dalle à travers la pelouse pour rejoindre son amie Donna Lee, qui, assise le dos contre un érable, est en train de lire. Leonard, de la main gauche, protège la photo du soleil et, les yeux plissés, se penche pour regarder apparaître l'image.

Même si toutes deux vivent à New York, Carola et Jill ne se voient pratiquement jamais et jamais en tout cas pour le plaisir. Elles ne se sont rencontrées que pour des marchandages à propos de comptes en banque, de placements, de l'assurance-maladie de leur père. Carola travaille dans une maison d'édition et vit dans l'East Side ; Jill vit avec Donna Lee dans un endroit sans nom, juste au-dessous de Tribeca, elle travaille à temps partiel pour payer ses études de cinéma à New York University. Quant à Gretchen, elle a vécu à Mill Valley, en Californie du Nord, depuis l'université, et depuis trois ans elle est mariée à Leonard qui travaille dans une compagnie de composants électroniques. Ce qui a réuni à nouveau les trois sœurs en ce jour-ci, c'est la mort de leur père. Il est mort d'un emphysème à près de soixante-dix ans, et les voici réunies dans une vieille maison dans le Connecticut ; ce n'est pas « leur vieille maison », mais une maison qui leur est complètement inconnue. Leur père est venu habiter là il y a trois ans, après la mort de leur mère et son remariage presque immédiat avec une femme divorcée, Eleanor Manley. C'est la « vieille maison » d'Eleanor. Elle est morte il y a six mois d'une attaque ; alors ses enfants sont venus vider la maison de ses bibelots, l'ont nettoyée le mieux qu'ils pouvaient de leurs souvenirs d'enfance, et l'ont laissée au veuf qu'aucun d'eux ne connaissait très bien. Malgré ce nettoyage récent, il reste des signes d'une vie de famille qui n'a rien à voir avec Gretchen, Carola ou Jill. Elles sont venues trier les quelques affaires que leur père a apportées en déménageant ici.

C'est la première fois que Jill est dans la maison. Gretchen et Carola ont fait une visite, deux ans plus tôt, en été. Jill avait refusé de venir, sans un mot d'explication. C'est une maison de pierre du XIXe siècle, avec des tours et des murs couverts de lierre. « Majestueuse », dirait l'agent immobilier de Westport. Cet été-là, tout portait la marque d'Eleanor : dans les lits, il y avait des draps à fleurs, les murs des couloirs étaient couverts de photos qu'elle avait prises, de gamins de Paris. Au dîner, chaque convive avait une salière et un petit moulin à poivre, les chaises avaient des pieds en pattes de lion. La maison était si profondément le domaine d'Eleanor, avait pensé Carola, qu'il était peu probable que son père ait pu s'y sentir très à l'aise. Même les enfants d'Eleanor ne semblaient pas s'y intéresser ni s'en soucier. Bien sûr, maintenant, Eleanor n'est plus là, et leur père n'est plus là non plus. Pourtant les enfants parcourent les couloirs en silence, comme des intrus.

« Leonard et moi projetons d'en faire des vacances », dit Gretchen au dîner le soir de leur arrivée quelques jours plus tôt. « Une retraite de santé. » Ils se lèveraient à six heures, avait-elle dit, courraient cinq ou six miles, et l'après-midi ils feraient des mouvements de gymnastique. Elle trouverait un régime pour chacun. Et il faudrait manger le moins de sucre et de sel possible, dit Gretchen à Carola qui s'était chargée de la cuisine. Gretchen mangeait pratiquement sans sel, elle était merveilleusement en forme, la peau bronzée, le cheveu blond, le corps mince.

« Tu ne vas pas me faire lever à six heures », dit Carola en lui tirant la langue et en salant ses plats avec une grande détermination.

« Moi, je vais courir, dit Jill, et Donna Lee va courir. Donna Lee est une ancienne championne d'athlétisme. »

Donna Lee, étonnée qu'on prononce son nom, s'arrêta juste au moment où elle allait engloutir une bouchée de farce, elle rougit et sourit. Tout le monde baissa le nez sur la table.

« Eh bien, à demain matin, dit Gretchen, Carola décidera si elle veut venir avec nous. »

Maintenant, dans la lumière de la fin d'après-midi, Jill, la figure toute barbouillée, grimpe à un arbre. Elle a des brindilles plein les vêtements et plein les cheveux qui lui descendent jusqu'à la taille. De derrière son livre, Donna Lee la regarde, au même moment sous le porche Gretchen regarde Donna Lee. Le porche est assez loin pour que Gretchen puisse dire à Leonard :

« Qu'est-ce que c'est que cette histoire avec cette fille ? »

Il secoue la tête et son regard absent va vers les érables qui bordent la pelouse. Il est déçu, parce que personne ne fait attention à sa photo. Il l'a montrée à Gretchen qui l'a à peine regardée – un regard rapide, un « Joli » et puis elle l'a reposée près de son café glacé.

« Ça m'étonne tout de même, dit Gretchen, elle est bien gentille, du moins j'imagine, mais elle est si renfermée. C'est impossible de lui adresser la parole. Elle est constamment sur ses gardes.

— Elle a sans doute peur.

— Mais pourquoi ?

— C'est effrayant d'arriver dans une famille étrangère. On se sent un intrus. Surtout à des moments comme celui-ci. »

Gretchen met ses lunettes de soleil et se renfonce dans son siège. « Jill aurait sans doute mieux fait de ne pas l'amener.

— Amour débutant, dit Leonard.

— *Quoi ?* »

Il se retourne, Gretchen le fixe droit dans les yeux.

Dans la cuisine, par la fenêtre, Carola remarque avec quelle soudaineté Gretchen a tourné la tête, elle est contente de voir sa vigilance prise en défaut, surtout par Leonard. La cuisine est brûlante. Jusqu'à maintenant Carola a préparé tous les repas ; elle ne se sent bien, à l'aise, que dans la cuisine. C'est pourquoi, quand Donna Lee et Gretchen lui proposent de l'aider, elle refuse. Elle sait bien qu'elles font ça par politesse et elle préfère de toute façon se passer de leur aide. L'expérience lui a appris que les gens qui veulent aider à la cuisine, d'habitude, finissent par tourner en rond, encombrer le passage et picorer dans les plats qu'on est en train de préparer. Carola déteste qu'on touche aux plats avant qu'ils soient servis. Son père souvent la rendait furieuse en mangeant la confiture à pleines cuillerées directement dans le pot. Lui, Gretchen et Jill arrivaient toujours dans la cuisine et mettaient le désordre partout juste au moment où le dîner était prêt. Gretchen piquait le bacon dans la salade, Jill refusait de manger ce que leur mère avait préparé et elle se faisait un croque-monsieur. Après le repas, tous disparaissaient au moment de faire la vaisselle – tous sauf Carola. Elle restait et aidait sa mère à essuyer.

Dehors, pour l'instant, Gretchen et Leonard semblent avoir cessé de parler. Jill est redescendue de son arbre, elle fait des cabrioles dans le jardin en secouant les cheveux, comme si c'était une crinière.

« Quelle enfant ! » dit Carola à voix haute, essentiellement pour entendre le bruit que ça fait, et elle casse un œuf dans un bol. Quant à Gretchen, elle est simplement égoïste. Toutes deux ont pratiquement abandonné la famille ces dernières années – surtout quand leur mère est tombée malade. Seule Carola est restée là, obstinée, jour après jour assise auprès du lit d'hôpital quand le cancer a commencé à gagner tout l'organisme. Elle sait bien qu'elles lui en veulent, par culpabilité, mais elle sait aussi qu'elle a fait ce qu'il fallait, quoi que puisse en dire Gretchen.

Ce soir, comme d'habitude, ils vont avaler le dîner qu'elle leur a préparé et ils vont lui dire un merci ultrarapide – si seulement ils le disent. En particulier Donna Lee. Carola n'aime pas cette femme. Hier soir, alors que tout le monde avait soigneusement fait le compte des crevettes pour être sûr que chacun en aurait autant, Donna Lee a tout simplement tendu la cuiller vers le plat et s'en est servi un énorme tas – au moins deux fois plus que les autres. Et puis, au milieu du repas, gênée, elle a essayé de les remettre dans le plat, à un moment où personne ne regardait.

Leonard frappe à la fenêtre en lui faisant signe. Carola lui sourit. La vapeur fait que ses cheveux la démangent, si bien qu'elle passe beaucoup de temps à se laver la tête. Mais elle le fait trop souvent, a-t-elle décidé ; ils deviennent cassants. Elle ramasse toute sa chevelure dans sa main gauche et tire dessus jusqu'à en avoir mal, puis elle la laisse retomber.

Leonard entre dans la cuisine : « Qu'est-ce qu'elle fabrique ? » et il montre du doigt Jill qui galope d'un bout à l'autre de la pelouse en soufflant comme un phoque.

« Elle fait semblant d'être un cheval. »

Leonard la regarde, interloqué par son calme plus encore que par les bizarres cabrioles de Jill.

« Elle a toujours fait ça. Depuis que nous étions petites. Elle appelle ça jouer à cheval.

— Je vois. Et il y a des règles à ce jeu ?

— Oh ! Dans la tête de Jill, il doit y avoir tout un ensemble de règles très compliquées. »

Leonard sourit et se retourne pour regarder Jill par la fenêtre. Dans cette étrange maison, Leonard est impressionné par toutes ces femmes autour de lui – ces femmes qui se mettent du vernis sur les ongles, qui portent des sous-vêtements à rayures style tigre, qui jadis ont été des vedettes d'athlétisme. Des femmes qui courent en rond en faisant comme si elles étaient des chevaux.

Leonard n'était encore jamais venu sur la côte est. C'est un autre monde, a-t-il décidé. Comme sa propre famille est étroitement unie, il est intrigué par les sœurs de Gretchen, il se demande comment elles ont pu se séparer et se perdre de vue si facilement. Il est aussi intrigué par le paysage. Il se sent à l'aise dans le désert, dans les plaines immenses couvertes de broussailles et les collines jaunes, mais tout ce vert, le vert des pelouses et des arbres, lui donne l'impression d'être à l'étranger.

« Je peux voir la photo ? » demande Carola. Leonard se retourne, tout à coup tiré de sa rêverie, il s'aperçoit qu'elle a les yeux fixés sur lui.

« Bien sûr. » Il plonge la main dans sa poche. « La voici », et il la lui tend. Carola semble se décomposer : « Oh ! j'ai l'air horrible !

— Mais non, dit Leonard en reprenant le cliché, tu as l'air très bien. Mais il y a quelque chose qui manque. Quand j'ai pris la photo, j'ai vu quelque chose qui ne concerne aucune de vous prise isolément. Mais ça avait vraiment à voir avec vous toutes ensemble. Je ne sais pas bien expliquer les choses. Mais, quoi qu'il en soit, ça n'est pas sur la photo.

— Ce n'est pas quelque chose qui manque. C'est quelque chose qui y est. C'est moi, je suis affreuse en photo. Et puis j'ai les cheveux sales : est-ce que j'ai le temps de me laver la tête avant le dîner ?

— Regarde-la. » Leonard a les yeux fixés sur Jill qui continue à galoper à travers le jardin.

Jill est encore en train de courir en hennissant et en faisant voler ses cheveux quand Leonard revient sous le porche. « Elle pense peut-être vraiment qu'elle est un cheval », dit-il à Gretchen, mais celle-ci ne l'écoute pas. De l'autre côté de la pelouse, Donna Lee est appuyée contre l'érable, elle lit, ou fait semblant de lire. En réalité, elle est plongée dans la contemplation de sa propre pupille dont le verre de ses lunettes lui renvoie une image démesurément agrandie. Les sœurs de Jill ne cessent de la regarder. Elles la scrutent, dévorées de curiosité et pleines de réprobation. L'autre jour, Gretchen lui a demandé ce que faisaient ses parents. « Ma mère est bibliothécaire. – Oh ! je vois », a dit Gretchen, puis… rien. Rien que le long silence horrible qui survient quand il est encore trop tôt pour terminer une conversation et trop tard pour s'abstenir de l'entreprendre.

Donna Lee pose son livre et se lève, elle se cambre contre l'arbre. Jill s'arrête en plein galop, et en riant s'écroule contre elle, hors d'haleine. Donna Lee peut voir sous le porche Gretchen et Leonard qui font des efforts pour ne pas garder les yeux fixés sur elles. Elle continue à se réveiller chaque matin persuadée que, fatiguée d'elle, Jill va être partie. L'hiver où elles se sont rencontrées, Jill portait un paletot de couleur verte qu'elle gardait boutonné jusqu'aux genoux et Donna Lee avait pris l'habitude de la taquiner en lui disant qu'elle avait l'air d'une tablette de chewing-gum géante. Elle est amoureuse de Jill.

« Je suis fatiguée », et Jill fait tomber Donna Lee par terre tout contre elle. « Je n'avait pas fait ça depuis des années. Quand j'étais petite, je pouvais jouer à cheval pendant des heures. J'aimais aussi tourner comme une toupie. Tout le monde croyait que j'étais cinglée. Mais j'aimais la façon dont tout se brouillait et dont seul mon corps restait net. »

Par une fenêtre du premier étage, Carola les regarde. Elle est dans la chambre de son père, la chambre où il est mort. C'est une chambre féminine, avec un couvre-lit en satin rose, une énorme armoire dans un coin, un miroir bordé d'ampoules électriques. Depuis qu'elle a commencé à nettoyer la chambre, Carola a trouvé des médicaments, une pile de romans d'espionnage, de l'alcool pour faire des frictions, du cognac. Elle espérait trouver des revues pornographiques, des signes d'inconvenance, des traces de déchéance. Elle espérait trouver quelque chose qu'elle pourrait retenir contre lui.

Même maintenant, deux semaines après sa mort, la chambre garde l'odeur de ses cigares, de son eau de Cologne. À la mort de sa mère, les choses ont été bien différentes. Elle avait tout emballé avant de partir pour l'hôpital; quand elle est morte, elle a disparu sans laisser de traces. Carola n'a même pas vu son corps, seulement la toile rayée du matelas à l'endroit où, une heure plus tôt, reposait sa mère, toute mince et pâle; elle lui avait demandé un numéro de *Vogue*. Cela faisait trois mois que Carola ne quittait la maison que pour venir, chaque jour, à l'hôpital. Et pourtant, quand sa mère était morte, ce n'avait pas été dans ses bras, ou simplement en sa présence. Elle était morte seule, pendant que Carola était sortie. Quand elle était revenue, *Vogue* à la main, il y avait la toile rayée du matelas, le verre d'eau à moitié vide. Sa mère était morte pendant qu'elle était assise à la cafétéria et buvait son café en feuilletant *Cosmopolitan*. Cela lui avait paru injuste, elle aurait voulu faire revenir sa mère, ne serait-ce que pour lui dire adieu comme il faut. Qu'elle ait été si abandonnée la mettait en rage. Après la mort de sa mère, il n'y avait plus de foyer dont il fallût s'occuper; son père mit la maison en vente. Elle partit pour New York, se trouva un appartement et un travail; mais la vie qu'elle a menée depuis ce temps-là ne lui paraît pas réelle; et avec une nostalgie perverse, elle repense à l'année où sa mère est morte comme à la plus heureuse de son existence.

Carola n'aime pas beaucoup se rappeler tout cela. Elle va dans le bureau de son père : elle s'est obligée à ouvrir un tiroir par jour pour en trier le contenu. Aujourd'hui c'est le tiroir du bas, il contient des objets appartenant à Eleanor – quelques foulards de soie, de vieilles photos, des bijoux, des flacons de parfum. Peut-être des objets dont son père n'a pas supporté de se séparer quand Eleanor est morte. Ils rappellent à Carola que son père a aimé Eleanor, plus encore peut-être qu'il n'a aimé sa première femme, et cela même du temps de leur mariage.

Carola n'avait vu Eleanor qu'une seule fois avant que son père l'épouse en secondes noces. Elle avait alors dix-sept ans et avait fait un voyage en Europe ; son père s'était arrangé pour qu'elle soit accueillie à Paris par Eleanor qui y passait une année. Eleanor était déjà divorcée à l'évoque. Elle avait été aux petits soins pour Carola pendant toute cette semaine, elle l'avait sortie pour dîner, l'avait emmenée à Montmartre tard le soir. Au restaurant, Carola avait essayé chaque fois de payer sa part, mais Eleanor ne l'avait pas laissée faire. Juste avant son départ, elle lui avait acheté un luxueux foulard de soie, orange avec des rayures d'un bleu intense. À son retour, et tant qu'elle n'avait pas été au courant, Carola avait eu une véritable adoration pour Eleanor. Ce n'est que des années plus tard qu'elle fut à même d'évaluer un peu mieux le contexte d'ensemble de son séjour.

Ce n'est pas la peine de garder tous ces objets. Sur les photos elle ne reconnaît personne, et les foulards ont des couleurs criardes ; en plus, si jamais tout cela a eu une signification, celle-ci a disparu en même temps que son père. Elle a assez de difficultés avec sa propre nostalgie sans y ajouter encore celle de son père. Malgré tout, Carola décide de conserver les bijoux et les flacons de parfum. Quelqu'un pourrait en avoir envie, ou bien on les revendra dans une brocante.

Pendant que Carola vient à bout du tiroir, Gretchen et Leonard montent dans leur chambre et font l'amour. Dans la chambre à côté, Jill et Donna Lee se reposent. Donna Lee a les bras autour de la taille de Jill et le visage enfoui dans son giron. Elle ronfle, et Jill, les yeux clos, lui passe les doigts dans les cheveux.

À huit heures ils sont tous assis à table pour dîner. Gretchen examine l'un des flacons que Carola a trouvés, c'est un parfum qu'elle aime et elle a décidé de le garder. Leonard raconte à qui veut l'entendre l'histoire d'un groupe de jeunes gens qui ont comploté de transformer Marin County en fief médiéval ; ils veulent installer un canon laser sur le sommet du mont Tamalpaïs, et, pour se défendre, projettent de réorganiser la société en reconstruisant un monde de vassaux et de serfs, de Table ronde et de dames de cour. Un ami à lui a eu vent de leur complot, les jeunes gens l'ont assassiné dans son garage, et tout a été découvert. Toute l'histoire est déconcertante et folle, mais cela n'empêche pas Leonard, parfois, d'imaginer avec envie ce à quoi pourraient ressembler des châteaux forts perchés sur les hauteurs abruptes et sèches, et noyés dans le brouillard.

« Ce que je trouve particulièrement cocasse, c'est l'idée de transformer Marin County en fief médiéval, dit Gretchen. Vous pouvez imaginer ça ? Je veux dire : qu'on ne puisse pas expliquer au suzerain qu'il empiète sur votre espace personnel quand il arrive pour faire de vous un serf. » Elle rit. Carola a les yeux fixés sur elle. Durant toute son adolescence, elle a eu des amoureux, elle arrêtait avec l'un pour commencer avec l'autre. C'était le genre de maîtrise qu'elle avait.

Carola ne mange pas ce qu'elle a passé l'essentiel de son après-midi à préparer. À la place, elle a apporté de la cuisine du thé dans un gobelet en plastique et un bol de soupe à la tomate où elle plonge sa fourchette (elle a oublié de mettre des cuillers). Elle a transvasé la moitié de son thé dans son verre, déchiré le bord du gobelet et empilé les petits morceaux de plastique dans son assiette.

« Tout le monde pense que la Californie est bizarre, dit Leonard plutôt sur la défensive, mais à mon avis c'est exactement le contraire. Les gens sont vraiment étranges de ce côté-ci. Personne n'est poli, on se pousse, on se bouscule. Je pense que la Californie, à tout prendre, est passablement civilisée. »

Personne ne répond, Carola a captivé l'attention de tout le monde en transformant son gobelet en bateau qu'elle fait naviguer dans sa soupe. Voici qu'elle se met à le pousser d'avant en arrière. La soupe passe doucement par-dessus les bords.

« J'ai une question, dit-elle, qu'est-ce que vous feriez si vous étiez rejeté sur une île déserte avec en tout et pour tout une feuille de papier et un crayon ? »

De l'autre côté de la table, Gretchen se passe la main sur le front, elle se demande comment Carola peut bien avoir survécu seule si longtemps. Est-ce qu'elle va s'effondrer, là, maintenant ? Elle regarde Leonard, il n'y a aucune aide à attendre de lui, en cas de crise, il n'est jamais là. Et Jill va partir en courant, comme d'habitude.

Le gobelet a fini par sombrer. Carola est pathétique, songe Gretchen. Triste. Elle pourrait être jolie. Qui d'autre qu'elle penserait à être rejeté sur une île déserte ? Si seulement elle voulait se prendre en charge et faire quelque chose, la moitié du problème serait d'un coup résolue. Gretchen aimerait bien être capable de sympathiser avec Carola, s'apitoyer avec elle, mais au lieu de cela la seule envie qu'elle ait c'est de la prendre par les épaules et de la secouer pour lui mettre un peu de bon sens dans la tête.

« Moi, je pense que je ne me permettrais d'écrire qu'une phrase par semaine, dit Donna Lee, et d'une toute petite écriture. Ce serait sans doute une phrase particulièrement admirable, du fait que j'aurais eu une semaine pour y penser avant de l'écrire. » Depuis huit jours entiers, c'est la première fois qu'elle dit quelque chose d'elle-même.

Carola la regarde et lui sourit : « Ça fait du bien de voir que je ne suis pas la seule personne au monde à penser à ce genre de choses. Merci. »

Jill repose sa fourchette et, tout à coup, est prise d'un rire convulsif. En la voyant faire, Carola à son tour commence à rire, suivie par Leonard et Gretchen. Ce n'est pas qu'ils aient la moindre idée de ce qui fait rire Jill, mais son rire est contagieux. Seule Donna Lee ne rit pas. Il ne reste rien dans son assiette ; désemparée, elle cherche le regard de Jill pour savoir quoi faire.

« Excusez-moi, dit Jill, je viens de me rappeler la fois où maman était de mauvaise humeur et où papa avait mis un de ses châles, et où il avait fait une petite imitation d'elle. Il était arrivé par-derrière en grommelant, les mains agitées ; même elle, elle s'était mise à rire tellement il était comique. À chaque fois que je pense à ce à quoi il ressemblait ce jour-là, ça me fait rire. »

À l'instant précis où Jill commence son histoire, tout le monde s'arrête de rire. Voilà bien un nouvel exemple de la cruauté de son père, pense Carola, de mimer ainsi le chagrin de sa mère et de la rendre si risible qu'elle-même ne pouvait s'empêcher d'en rire ! Comment sa mère avait-elle pu l'aimer si fort ? Il avait une maîtresse, il ridiculisait sa femme, et malgré tout elle lui était totalement attachée. Durant sa maladie elle avait exigé qu'il reste auprès d'elle, elle l'appelait dans son sommeil. Il était resté à ses côtés, les derniers jours. Vers la fin, la seule chose que Carola et lui ont eue en commun, ç'a été le sens des responsabilités.

On a changé de sujet. Leonard reparle de la Californie, de ses joies et de ses mœurs civilisées. Il est un peu ivre et brandit le poing en parlant. « Là où j'ai grandi, la famille ça voulait dire quelque chose. Un couple ça voulait dire quelque chose. Avec mes frères et sœurs, on revient à la maison tous les ans pour Noël. Et je téléphone à ma mère une fois par semaine. Mais vous ! c'est horrible comme vous êtes éloignées les unes des autres, chacune de vous si distante de votre père. Vous n'avez rien à partager, pas d'assise commune. Ça a été perdu.

— Ça n'a jamais existé, dit Carola, ça n'a jamais été l'essentiel.

— Oh ! proteste Gretchen, ça n'est pas vrai. Il y a eu beaucoup d'affection dans notre enfance. Tu l'as oublié.

— Comme toi tu t'es fait oublier tous les soirs où personne ne disait un mot à table, où papa et maman se disputaient. Jill et toi vous n'avez pas attendu pour partir.

— Aucune institution sociale n'a été plus meurtrière pour les femmes que le noyau familial », dit Jill, et tout le monde la regarde, un peu surpris par cette maxime générale.

« Comment ! s'écrie Leonard. Je vais te dire, moi, j'ai six sœurs, eh bien, d'avoir été élevées comme elles l'ont été, ça leur réussit rudement bien. »

Jill sourit et hoche la tête. « Tu ne vois pas ce que je veux dire. C'est une question d'exploitation. Depuis le XVIe siècle, le noyau familial a parfaitement convenu au système capitaliste et à son exploitation de la division des rôles sexuels. Rien n'a fait plus de mal aux femmes, psychologiquement parlant. Heureusement, c'est en train de s'effondrer.

— S'effondrer ? Comment ça ? Qu'est-ce que tu veux dire ? demande Gretchen.

— Je veux dire, le taux de divorce, les solutions de rechange que trouvent les femmes. »

Donna Lee garde le nez baissé sur la table. Carola agrippe sa chaise, les yeux dans le vide : « Tu parles pour toi, dit-elle d'une voix à peine audible.

— Quoi ?

— Je dis tu parles pour toi », répète Carola, à peine plus fort. Elle regarde autour d'elle, effrayée de se trouver tout à coup au centre de la conversation. « Excusez-moi. C'est juste que je ne comprends pas ce qui te prend à toi d'attaquer la famille.

— Carola, je t'en prie », Gretchen tend la main pardessus la table et lui touche le bras. « Est-ce que c'est bien le moment de parler de ça ?

— Eh bien, parlons-en, parlons-en », dit Jill.

Carola repousse sa chaise, elle est assise toute raide. « Écoute, je ne cherche pas à être agressive, mais tout ce que je sais, c'est que ça t'est facile d'être assise là et de faire des discours sur la disparition du noyau familial et sur sa nature mauvaise. Tu n'as jamais essayé que ça aille bien, tu es partie dès que tu as pu. C'est dans la maladie que c'est important, la famille, dans la maladie qu'il faut se serrer les coudes, et je veux juste vous demander où vous étiez toutes les deux quand maman était malade...

— Oh ! je t'en prie, ne recommençons pas à parler de ça.

— Tu n'as pas le droit de parler comme ça, Gretchen. Je pense seulement qu'il y a quelque chose qui s'appelle la responsabilité, à l'intérieur d'une famille. Je suis restée avec maman jusqu'au bout, et toi pas.

— C'était ton choix, dit Jill.

— Ma responsabilité.

— Ton choix.

— Tu ne peux pas dire que je ne sois pas venue, relève Gretchen. Je suis venue trois fois.

— C'est plus que Jill ne pourrait dire.

— Moi, j'ai rompu d'une façon nette et saine. Ce n'est pas ma faute si toi tu ne l'as pas fait.

— Toi, tu t'es enfuie, dit Carola.

— Je ne devais rien à papa.

— Quand tes parents s'occupent de toi, te soutiennent, t'aiment pendant des années, tu crois que tu ne leur dois rien ? Désolée, mais ça ne marche pas avec moi, ça. »

Gretchen intervient : « À mon avis, Carola, il y a une question que tu devrais te poser. Quand maman est tombée malade, est-ce que tu es restée parce qu'elle et papa avaient besoin de toi, ou parce que toi tu avais besoin d'eux ? »

Carola desserre à peine les lèvres. « Qu'est-ce que tu veux dire au juste ?

— Je crois qu'ils étaient loin d'avoir autant besoin de toi que toi tu avais besoin d'eux. Je crois que d'une certaine façon ils s'en seraient mieux sortis si tu étais partie faire ta vie à toi. Je suis désolée de te dire ça aussi brutalement, mais tu l'as cherché. »

Alors Carola se lève et repousse sa chaise : « Ah ! toi alors, sacré nom d'un chien, sacré nom, c'est à peine si tu es venue là-bas.

— Ne nous condamne pas sous prétexte que nous vivons notre vie, dit Jill.

— Ne va pas me dire que je n'ai pas de vie à moi, répond Carola. C'était ça, ma vie. C'est ce que ça devait être. Que je n'abandonne pas ma mère, ça ne veut pas dire que je n'avais pas de vie.

— Personne ne prétend une chose pareille, dit Jill.

— Je crois vraiment que nous avons parlé assez longtemps de tout ça, coupe Gretchen, je crois que rien n'en sortira.

— Eh bien, dans ce cas, inclinons-nous tous devant Son Altesse et n'en parlons plus, répond Carola.

— Ce n'est pas moi qui ai commencé.

— Bien sûr, c'est moi. C'est toujours moi qui commence. »

Gretchen se passe la main sur les yeux. « Mais pourquoi est-ce que tu fais ça ? demande-t-elle d'une voix lasse.

— Parce que tu me parles de ma vie à moi. Tu t'es bien arrangée pour toi, ça n'est pas une raison pour me dire que je suis une infirme. Ce n'est pas possible.

— Mais personne ne raconte ça, Carola, dit Jill, nous disons juste que tu as fait ton choix. Nous aussi nous avons fait le nôtre.

— Il faut que tu acceptes nos façons de vivre si tu veux que nous acceptions la tienne, ajoute Gretchen, il faut que tu respectes ce que nous avons choisi.

— Excusez-moi », dit Donna Lee en repoussant sa chaise, puis elle sort. Jill regarde par-dessus son épaule.

Carola se laisse lourdement tomber sur sa chaise. Elle a les larmes aux yeux. « C'est exactement ce que vous ne pouvez pas comprendre. Vous peut-être, oui, mais moi, je n'ai jamais eu le choix. »

La première fois que Gretchen avait rendu visite à sa mère à l'hôpital, c'était après un appel de Carola. « Elle va peut-être mourir », avait-elle dit d'une voix sourde –

ce qui, Gretchen le découvrit par la suite, était quelque peu exagéré. Sa mère était au lit, amaigrie, elle avait perdu des cheveux. La télé marchait toute la journée – dessins animés, jeux, Mike Douglas, informations. Depuis la Californie, Gretchen avait pris l'avion un vendredi, elle trouva Carola dans la chambre, assise près du lit, croisant et décroisant les jambes. Son père était sorti acheter à manger. Carola avait trouvé le moyen de faire entrer le chien de sa mère pour une visite rapide quelques instants auparavant, et ce que Gretchen se rappelle le plus nettement, c'est l'odeur de chien dans la chambre, une odeur bien plus agréable, se dit-elle, que celle du désinfectant normalement associée à une chambre d'hôpital. Leur mère avait demandé à Carola d'aller à la boutique de l'hôpital lui acheter des revues et du maquillage pour les yeux. Aussitôt Carola était sortie, toute contente d'avoir un prétexte. La mère avait fait signe à Gretchen de venir tout près : « Je ne sais pas quoi faire, Carola me rend folle. Elle ne bouge pas d'ici. Il faut que je lui dise que je vais mieux simplement pour l'empêcher de se sentir coupable. Les choses vont assez mal comme ça. Je voudrais qu'elle parte d'ici.

— Est-ce que tu as demandé à papa de le lui dire ?

— Oui, oui, mais il recule sans cesse. Elle ne voit pas que tout ça ne la concerne pas. C'est une affaire entre ton père et moi. C'est notre affaire, pas la sienne. »

Ce que des amis à eux devaient dire, des années plus tard, c'est que la mère s'était servie de sa maladie pour garder prise sur lui. Naturellement ce n'était pas aussi simple. Gretchen est persuadée qu'il y avait entre eux un lien – aussi fin qu'un fil, mais incroyablement solide – qui les attachait l'un à l'autre. C'était peut-être sur ce lien que pesait Carola. Ce soir-là, le père avait fini par lui dire un mot. Elle était sortie de la maison comme une furie, les yeux rouges, en criant : « Ce n'est pas juste ! » Le père l'avait suivie jusqu'à la porte en l'appelant par son nom. Bien des années plus tôt, il leur avait demandé de se consacrer à leur mère ; c'était au moment où ses voyages d'affaires s'étaient brusquement multipliés par deux, et la mère s'était mise à pleurer, sans raison, chaque fois qu'elle faisait la vaisselle. Il avait dit : « J'aimerais que vous restiez autour de la maison quand je m'en vais, tenez compagnie à votre mère. » Seule Carola avait tenu compte de sa demande, refusé de sortir et décliné les rendez-vous. Et voici que tout à coup, maintenant que la génération précédente a disparu, elle se trouve livrée à elle-même. Gretchen a beau avoir souffert, été déprimée, eu des soucis, elle a rarement éprouvé une douleur réelle. Son incapacité à partager la peine des autres la trouble, comme une sorte de douleur sourde. Mais elle sait que cela n'est rien en comparaison de ce que Carola doit ressentir.

Il y avait eu une autre scène, deux mois jour pour jour après la mort de leur mère. Le père avait fait venir ses trois filles dans son bureau pour leur annoncer son intention de se remarier. Elles s'étaient assises sur des chaises devant son bureau, lui était resté debout, raide et sans les regarder. « J'ai l'intention de me remarier. Avec Eleanor Manley. Elle est depuis des années une amie proche et un grand réconfort. J'imagine que ça peut vous être difficile à accepter, mais j'ai pris ma décision. Nous allons nous marier dans quinze jours.

— Ça fait si peu de temps que maman est morte, avait dit Gretchen, tu es sûr que c'est raisonnable ? »

Il l'avait regardée. « Je n'éprouve pas le besoin de justifier cette décision devant vous. C'est ma décision, et pas la vôtre. »

Gretchen s'était agrippée à sa chaise, cherchant à se rassembler pour faire front. Jill avait commencé à boutonner son paletot. Seuls les yeux de Carola s'étaient rétrécis de colère. « Ça fait longtemps que tu as une liaison avec elle ? »

Il avait fait craquer les jointures de ses phalanges. « Depuis pas mal de temps. Avant la mort de votre mère, mais elle n'en a jamais rien su.

— Bien sûr qu'elle savait.

— Ce n'est absolument pas ton affaire », avait-il répondu.

L'après-midi même Jill était retournée à New York. Gretchen et Carola étaient restées à la maison, elles l'évitaient lui et elles s'évitaient l'une l'autre. De toute évidence, la maison n'était plus la leur. Quand Gretchen se leva le lendemain matin, Carola était déjà partie.

« Il vaut mieux que je lui parle. Il faut que quelqu'un le fasse », dit Gretchen à Leonard. Ils sont assis, tout seuls dans le living-room. Elle se lève ; Leonard la regarde en silence, il ne sait quoi dire ni quoi faire.

Dans la chambre de Carola règne une puissante odeur de shampooing. Elle est assise sur son lit, en peignoir, une serviette nouée autour de la tête. Gretchen s'assied à côté d'elle.

« J'ai décidé de rentrer à New York avant la fin de la semaine, dit Carola, j'ai affaire.

— C'est bien. On peut terminer ici, c'est davantage comme des vacances pour nous.

— Merci.

— Je voulais m'excuser.

— Oh ! tu sais, bien sûr tu as raison. Surtout sur papa et maman. Mais je suis encore en colère. M'en aller, déménager à New York, trouver un appartement et un travail et m'en occuper, tout ça, tu ne peux pas savoir comme ça a été difficile pour moi de prendre en charge mon existence.

— C'est vrai, je ne peux pas savoir. J'aimerais bien pouvoir. »

Quand elle était adolescente, Donna Lee aimait devenir la confidente des filles qui avaient des petits amis ; quand les petits amis s'en allaient, ce qui ne manquait jamais d'arriver, les filles pleuraient sur son épaule et elle pouvait les embrasser. Ce n'est que des années plus tard qu'elle a compris ce qu'elle faisait –

comploter une intimité et s'arranger pour qu'on l'abandonne. Aujourd'hui encore l'amour est un complot pour Donna Lee, elle désire ardemment que Jill lui fasse confiance, la touche dans son sommeil, sans prévenir. Elle s'attend aussi sans cesse que Jill l'oublie.

« Je veux partir, dit-elle après la scène du dîner, je me sens perdue.

— Eh bien, je m'en vais avec toi. »

Donna Lee secoue la tête sans pouvoir retenir un sourire de soulagement. « Tu devrais rester.

— Ça arrive à chaque fois que je les vois. Elles me persécutent pour que je parte jusqu'à ce que je le fasse. Et en plus, j'ai des choses plus importantes à faire. Il faut que je m'occupe de toi.

— Ne t'en fais pas pour moi », dit Donna Lee, étonnée d'être quelqu'un qui vaille la peine qu'on s'occupe de lui.

Au matin, Jill et Donna Lee sont sous le porche, les valises faites, prêtes à partir.

« Avant que vous partiez, dit Leonard, je voudrais te demander quelque chose. Qu'est-ce que ça représente pour toi, jouer au cheval ? »

Jill sourit. « Disons que c'est ma solution de rechange à la dynamique de la famille nucléaire.

— Je vois », dit Leonard avec un sourire et en battant des mains. Gretchen lui sourit comme si elle était sa mère. Bientôt Jill et Carola vont être parties ; ce sera à elle de finir le nettoyage. Peut-être cela va-t-il la bouleverser, peut-être s'en sortira-t-elle avec un sain mépris. De toute façon ce qui reste dans cette maison est la trace d'une histoire qui ne peut guère la rendre nostalgique, ce sont des souvenirs qu'elle préfère repousser au loin. Peut-être maintenant est-elle capable de trier les affaires de son père avec la sorte de tranquille indifférence qui est l'essentiel de la vengeance. Peut-être est-elle, elle aussi, capable de cruauté.

« Bon voyage, dit Leonard, venez nous voir en Californie. » Et Carola, adossée au mur de la maison, fait un signe de tête; elle pense que si elle était rejetée sur une île déserte, elle n'écrirait pas un seul mot sur la feuille de papier. Elle inventerait un code de pliage – un langage origami éphémère qui n'aurait de sens que pour elle seule. Voilà sa réponse secrète; et elle est certaine qu'aucun des autres n'y aurait pensé.

Dédicace

Celia avance doucement dans l'eau bleue et tiède de la piscine, chez les parents de Nathan. C'est un dimanche de la fin juin, sans un nuage, avec un chaud soleil, haut dans le ciel. Elle regarde sur le fond de la piscine les ombres dessinées par les vagues qu'elle provoque – des battements de lumière et d'ombre dont l'existence semble agitée et brève, bien différente des vagues calmes et régulières de la surface. Les vagues rayonnent tout autour d'elle, qui agite bras et jambes avec les mouvements instinctifs d'un bébé qu'on tient en l'air. Près de la double porte vitrée de la bibliothèque, Nathan et Andrew, ses meilleurs amis, dansent sur un air disco, avec des paroles en allemand ; puissante, la musique sort de deux haut-parleurs de soixante-dix centimètres disposés à chaque bout de la bibliothèque. Les haut-parleurs rappellent à Celia les canevas dont se sert sa mère pour ses compositions murales en tapisserie, mais elle sait aussi que, en dépit de leur simplicité, ou à cause d'elle, ils valent des milliers de dollars pièce et sont le fin du fin de la technologie. Nathan le leur a répété un certain nombre de fois au cours du week-end ; il a peur qu'elle ou Andrew ne renversent un haut-parleur, ou ne fassent tomber un vase de prix, ou ne répandent de l'eau gazeuse sur un des canapés de cuir. Eux ne sont pas riches, leur dit-il en plaisantant, ils ne savent pas ce que coûtent des objets comme ceux-là (il est facile de ne pas faire attention au prix de la maison, à la fois par nécessité et parce que c'est voulu ainsi, pourtant l'œil de Celia pour ce qu'elle ne possède pas a déjà relevé quelques notations précieuses : qu'il y a des bouquets de roses fraîchement coupées dans chaque pièce et que les canapés gris, qui ont l'air d'être recouverts de toile à parachute, en réalité sont en soie).

La musique change. « Oh ! j'aime cet air-là », dit Andrew, qui est un danseur acharné et fanatique. Il se tortille, se secoue et se jette en avant sans regarder, si bien qu'il bouscule presque un des haut-parleurs. « Tu veux bien faire attention ! » crie Nathan, et Andrew se rejette en arrière vers le patio. « Du calme, ne t'inquiète pas, je ne vais rien casser. »

Celia fait un battement, se renverse en arrière et culbute gracieusement dans l'eau ; tout à coup il n'y a plus de musique, Nathan et Andrew ont disparu, bien qu'elle puisse voir leurs reflets déformés à la surface de l'eau. Elle fait en soufflant une traîne de bulles régulières, se renverse la tête sur les talons et sort en recrachant de l'eau. Elle entend le martèlement de la musique, ils continuent à se disputer. « Andrew, si tu ne te calmes pas, j'arrête la musique, je te jure.

— Va-t'en au diable », répond Andrew, et Celia plonge à nouveau, cette fois en avant, elle va profond dans l'eau brillante. Elle n'entend plus rien que le son du filtre à eau, un bourdonnement liquide. Quand elle atteint le fond, elle se retourne pour regarder, là-haut, le soleil qui se réfracte à travers le prisme de l'eau. Elle est elle-même toute rayée de bandes de lumière. Elle aimerait rester longtemps sous l'eau, mais bientôt elle sent la pression familière, ses poumons sont au bord d'éclater et il lui faut se pousser vers le haut, nager vers la mince membrane de la surface. Elle la traverse et avale une grosse goulée d'air en ouvrant grands les yeux. La musique est arrêtée, Nathan est assis sur une chaise longue à côté de la piscine, il contemple ses genoux.

« Tu étais assise au fond.

— Qu'est-ce qui se passe ? Où est Andrew ? demande Celia en s'essuyant les lèvres à cause du chlore.

— Il est parti. La tempête. Comme d'habitude.

— Oh ! » Elle regarde ses jambes qui bougent comme deux anguilles sous l'eau. « J'aimerais savoir quoi te dire.

— Il n'y a rien à dire. »

Celia garde la tête inclinée : ses jambes qui ondulent lui donnent l'impression de se dissoudre et de partir en flottant avec les petites vagues.

Durant le week-end, Celia a passé tous ses moments libres dans l'eau. Elle est folle de cette piscine carrelée, de l'eau transparente et lumineuse. Dans l'eau, son corps devient léger, aérien comme une essence ; elle se déplace avec aisance, avec grâce même. Sur terre, elle est pesante, le corps lourd et gauche, elle se cache sous de grandes pièces de tissu sombre, des jupes amples, des saris. Elle a vingt-trois ans, elle est adjointe du directeur commercial dans une maison d'édition spécialisée dans les manuels de droit. Bien sûr Nathan et Andrew l'encouragent sans cesse à quitter ce travail pour un emploi plus stimulant, à déménager pour venir en ville et abandonner son minuscule appartement et son horrible quartier. Seulement voilà, Andrew est né coiffé et Nathan est né riche, et ils ne comprennent pas que les choses ne sont pas aussi faciles pour les gens qui ne sont pas comme eux.

Quant à Andrew et Nathan, si on demandait une description son avis à quelqu'un qui vient de les rencontrer, il dirait sans doute : le blond et le brun, le WASP et le juif, pour tomber dans la commodité des contrastes. Tous deux travaillent dans des entreprises de publicité concurrentes, mais le travail a l'air d'être leur seul terrain sans conflit. Nathan a la peau mate, grêlée, les cheveux bouclés et le visage sans cesse assombri par une barbe naissante ; au contraire, Andrew est blond et mince, d'une ossature légère, avec un nez mince et intelligent, et un corps qu'à une autre époque on aurait pu qualifier de svelte. Il aime à dire qu'il appartient à une autre époque, le XIXe siècle, au cercle d'Oscar Wilde à l'heure du thé ; Nathan, lui, est résolument moderne. Ils vivent aux deux bouts de Manhattan, Nathan dans le Lower East Side, Andrew dans un meublé de la 96e Rue Est, à la dangereuse frontière avec Harlem. De sa fenêtre, Andrew voit s'ouvrir la tranchée des voies de chemin de fer, c'est là que le train de Grand Central sort à l'air libre. Il peut voir, à trois blocs en redescendant Park Avenue, l'immeuble où habitent les parents de Nathan. Il lui arrive de tomber sur la mère de Nathan quand il fait ses courses chez D'Agostino, ils bavardent du prix des tomates, et la mère de Nathan, qui n'est au courant de rien, dit à Andrew qu'il devrait vraiment venir dîner de temps en temps. Officiellement, ils sont anciens amants et adversaires ; officieusement (mais tout le monde s'en doute), leur liaison dure toujours, et ils sont, de façon intermittente, amis. Quant à Celia, elle flotte entre eux deux, suspendue à l'étrange amour qu'elle éprouve pour eux – un amour (aime-t-elle à penser) qui n'ose pas dire son nom.

C'est ainsi qu'ils apparaissent à leurs collègues de travail, aux gens avec qui ils dînent ou couchent, à toutes ces connaissances qui les trouvent intéressants et aimables, mais qui ont d'autres préoccupations dans la vie.

Celia qui flotte dans la piscine se demande ce qu'elle peut bien faire ici ce week-end, alors qu'elle s'est juré mainte et mainte fois de ne plus jamais aller nulle part avec eux, pas même au restaurant. Elle finit toujours par arriver en plein champ de bataille, elle est celle qui distribue l'éloge et les dépouilles qu'ils se déchirent, puis oublient et abandonnent. Elle se dit qu'elle est ici parce qu'il fait presque quarante degrés à Manhattan, parce que son gérant lui a confié que la vieille femme qui habite en face de chez elle n'a pas ouvert sa porte depuis plusieurs jours et qu'il est inquiet. Elle se dit qu'elle est ici parce que les parents de Nathan sont aux Bermudes, la bonne en vacances, qu'il y a une piscine et le jardin avec du basilic tout frais. Et c'est vrai, ils ont passé un moment agréable. Vendredi, tout collants de la crasse de Penn Station, ils sont allés marcher sur la plage, ils ont couru dans les vagues, ils ont senti sur leur visage le vent chaud et sec. Samedi, ils sont allés à East Hampton, ils ont regardé tout ce joli monde sur la plage et Celia a décrété que ça n'avait vraiment rien d'étonnant si tous ces gens étaient riches et heureux, et elle, pauvre et triste. Ils ont mangé une salade, ont vu une rediffusion de *The Love Boat*, Nathan et Andrew ont bordé Celia dans le grand lit des parents et ont disparu ensemble dans une autre partie de la maison. Elle a fermé les yeux, s'est accablée de malédictions parce qu'elle se sentait abandonnée, seule, et surtout parce qu'elle est venue là. Elle a essayé, sans y arriver, d'imaginer comment ils étaient quand ils faisaient l'amour. Elle a essayé de les entendre. Aujourd'hui dimanche, ils ont commencé à se disputer parce que le fait de coucher ensemble leur fait honte à tous les deux. Et pourquoi pas ? Même Celia a honte. Elle n'est pas supposée savoir que Nathan et Andrew continuent à coucher ensemble mais Andrew lui téléphone chaque fois que ça arrive. « Il ne me plaît même pas, dit-il d'une voix rauque et cassée. Mais il faut qu'il réaffirme son pouvoir sur moi, par pure satisfaction égoïste. Plus jamais. C'est fini. Je ne lui céderai plus. » Mais au moment même où il dit ces mots, elle entend dans sa voix monter le doute, le désir et l'amour.

Celia nage vers l'échelle, se hisse sur le bord. Elle est restée dans l'eau si longtemps qu'elle a les mains et les pieds tout ridés et blanchis. Elle se drape dans une serviette, honteuse tout à coup de voir ses cuisses sortir de l'eau, elle s'allonge sur une chaise longue et prend sur la table basse entre Nathan et elle une revue qui s'appelle *Army Slave*. Andrew a acheté la revue pour faire – un peu en retard – un cadeau d'anniversaire à Nathan, mais ni l'un ni l'autre n'y ont guère prêté attention durant le week-end. Celia la feuillette – un homme en treillis vert, assis sur un lit à étage, la main posée sur l'aine ; puis quelques clichés de l'homme en train de forniquer avec un autre homme, en costume d'officier. Dans les dernières pages, on voit un troisième personnage habillé de cuir, qui les regarde, caché.

« Tu aimes ça ? demande Nathan, ça te fait de l'effet ?

— Je ne comprends pas ce qu'il y a d'érotique dans les camps militaires ou les vestiaires. Je veux dire, je comprends que ce sont des endroits super-virils. Mais tout de même, ils sont aussi très anti-homo. Je veux dire, tu trouves ça érotique ? Quand tu étais plus petit, tu trouvais les vestiaires érotiques ? et ce type en cuir ? »

Nathan fait saillir ses hanches et avance les lèvres : « Oh ! ne parlons pas de fouet et de cuir. Parlons de Joan Crawford. » Il envoie de petits baisers à Celia.

« Sois sérieux. Je me demandais ça parce que j'ai envie de savoir, de comprendre, sincèrement.

— D'un point de vue sociologique ? » demande Nathan, en reprenant une position normale.

« Tu peux appeler ça comme ça.

— Je vais te dire. Quand on a réintroduit le service militaire obligatoire, j'ai vu une revue avec en couverture la photo d'un type immense, velu comme un singe, dans un uniforme tout déchiré, qui vous regardait d'un air complètement obscène. Et en dessous, il y avait écrit “La communauté homosexuelle salue le retour du service militaire”. C'était vraiment marrant. »

Les yeux de Celia s'éclairent. « Oh ! ça, c'est bien. C'est de la bonne récupération. »

Nathan ne répond pas, et elle retourne à sa revue. Elle ramasse sur la table un crayon et commence à griffonner quelque chose dans la marge, quand Andrew apparaît devant eux, surgi de nulle part, dirait-on. « Je suis fou, mais je ne vais pas entrer dans ton jeu idiot, partir en courant, me planquer et bouder. J'ai envie de regarder les choses en face.

— Andrew, dit Nathan, tu veux bien expliquer à Celia en quoi cette revue est excitante. Note bien que je n'emploie pas le mot "érotique".

— Bon sang, Celia, je ne peux pas parler de ça avec toi.

— J'aurais dû me douter que tu étais prude depuis le jour où j'ai vu que tu dormais en pyjama.

— Andrew veut préserver l'intégrité de sa double vie, il ne veut pas que tu saches que si de jour il est un gentil pédé B.C.B.G. qui suit la mode, la nuit il devient sauvage, cuir, chapeau de cow-boy, bains-douches. Il suffit de parler, il y va.

— Parle pour toi. C'est toi qui as une double vie », et Andrew regarde la piscine avec insistance.

« Ce n'est ni de la sociologie ni de la curiosité scientifique, dit Celia, vous devriez le savoir depuis le temps. »

Tous deux la regardent, interloqués. Elle ferme les yeux. Le soleil frappe, et elle a l'impression que la température a monté de dix degrés en dix minutes. Elle rouvre les yeux, Andrew s'est assis au bout de la chaise longue et gronde Nathan.

D'un seul mouvement rapide, Celia se lève et se jette à l'eau.

Celia, Nathan et Andrew se connaissent depuis leur première année d'université. Ils étaient tous les trois dans le même cours d'anglais. Pourtant, pendant la majeure partie de l'année, ils ne se sont connus l'un l'autre que comme « l'autre ami de Celia » ; ils n'avaient pas de relation directe. Elle se rappelle la légère nausée qu'elle avait éprouvée le jour où elle avait appris que Nathan était homosexuel. Jusqu'à ce jour, elle n'avait pas connu d'homosexuel, et elle se sentit honteuse d'avoir éprouvé de l'affection pour lui, si timidement qu'elle l'ait fait, si timidement qu'elle formula ses sentiments de la façon suivante : « J'ai de l'affection pour lui », confia-t-elle à sa camarade de chambre, qui jouait dans l'équipe de hockey. Elle se sentait honteuse aussi de n'avoir pas été plus perspicace, et elle eut peur que son affection sans arrière-pensées ne puisse apparaître à Nathan comme une insulte et ne le dresse contre elle. Pour Celia, Nathan était quelque chose de neuf, elle l'idéalisait parce qu'il avait souffert d'être différent, et parce que sa différence lui donnait accès à tout un monde d'expériences dont elle ne connaissait rien. Celia n'avait jamais eu beaucoup d'amis à l'école, elle n'avait pas été particulièrement aimée, et cela lui avait toujours paru juste : elle était grosse et timide, et on lui avait toujours reproché d'être grosse et timide. Elle n'avait jamais imaginé pouvoir être différente dans le sens romantique et puissant qui valait pour Nathan. Elle était simplement solitaire, et, tandis que pour Nathan la solitude l'ennoblissait, pour elle, elle la regrettait.

Au début, Nathan acceptait les gestes d'affection de Celia parce qu'elle semblait prête à l'écouter sans fin, et tout aussi bien à lui parler, à lui répondre. Elle était fascinée par les histoires qu'il lui racontait si volontiers, des histoires de mystérieuses rencontres sexuelles dans les chambres des garçons, de maladresses adolescentes à tâtons dans les vestiaires. Sa curiosité grandit, elle se mit à lire tout ce qu'elle put trouver sur l'homosexualité, article ou livre, y compris des journaux intimes tout à fait explicites, racontant des nuits passées à draguer dans les docks, sur les plages, dans les bars et les bains-douches de New York, Los Angeles ou Paris. Elle lut tout Oscar Wilde et presque tout Hart Crane. Elle commença à prendre la parole, à interrompre les cours, elle avait découvert que, dans son petit filet de voix sous-exploité, il y avait le timbre puissant de sa mère, une voix du Bronx capable d'attirer en une seconde l'attention générale.

Dans leur université, dans certaines disciplines, il était tout à fait courant pour certaines femmes – des femmes à cheveux longs, vêtements violets, et une certaine tendance à parler fort, vite et beaucoup – de passer la majeure partie de leur temps en compagnie d'homosexuels hommes. Celia devint un exemple canonique de ce rôle social tout à fait classique, au point même qu'on commença à faire allusion à elle en l'appelant « papier-tournesol », sous prétexte qu'il suffisait de lui présenter un homme pour déterminer ses choix sexuels. Ce n'était pas un surnom très tendre ; d'une certaine façon, on impliquait qu'elle les poussait à ce choix, mais Celia le supportait stoïquement, comme elle en avait supporté de pires. Elle plaisantait en disant qu'elle annonçait une nouvelle espèce de femmes qui sécrétaient une hormone bizarre, laquelle rendait les hommes homosexuels, et cela allait probablement amener la fin de l'espèce humaine. Elle a toujours pensé que ses fréquentations lui faisaient beaucoup de bien. Ce qu'aime Celia chez ses amis homosexuels, c'est qu'ils sont disposés à s'analyser à l'infini. Durant tout un dîner, au café, tard le soir, ils parlent et parlent, de leurs amis, de leur famille, de livres et de films, de la façon dont ils « incarnent la différence sexuelle » et de leur capacité à reconnaître les homosexuels cachés. Cet amour de la discussion, aucun homme que Celia ait connu ne semblait le posséder, et elle y tient passionnément. Et de fait, elle est capable de parler sans fin, à l'époque c'était invariablement Nathan qui se levait de son canapé avachi et disait : « Excuse-moi, Celia, il est quatre heures du matin, il faut que j'aille au lit. » Après son départ, elle restait encore éveillée des heures sans pouvoir terminer mentalement la conversation qui avait fini par l'épuiser lui.

Leur amitié s'intensifiant, elle voulut sans cesse l'approfondir davantage, en apprendre plus sur Nathan. Elle avait conscience que toute une part de sa vie (comme plus tard pour Andrew) ne l'incluait pas, ne pouvait en rien l'inclure, c'était une vie dont elle entendait parler seulement par instants, quand elle était assez courageuse pour poser des questions (ce sujet mettait Nathan mal à l'aise). Cette vie se passait pour l'essentiel dans des bars – ces mystérieux bastions de la masculinité, qu'elle imaginait sous des lumières tamisées qui laissaient les coins dans l'ombre, avec des cigarettes dont la cendre allongée comme un doigt était toujours prête à tomber, et derrière chaque porte toujours plus d'obscénité, toujours plus de sexe, jusqu'à la dernière porte enfin, dans son imagination, et là, derrière cette porte, il y avait un blanc. Elle ne savait pas. Bien entendu Nathan s'était moqué d'elle quand elle lui avait demandé de l'emmener dans un bar. « Ils sont ennuyeux, Celia, complètement ordinaires. Tu seras déçue comme je l'ai été. » Ils venaient de sortir de l'université et Nathan trouvait ennuyeux à peu près tout.

Quelques semaines plus tard, Andrew arriva en ville. Le soir même, Celia et lui vinrent au Village pour dîner, et comme ils descendaient Greenwich Avenue, elle le vit ouvrir de grands yeux et tourner la tête au moment où ils passaient au milieu d'un groupe d'hommes en blouson de cuir qui s'amusaient ensemble devant *Uncle Charlie*. Le soir suivant, il demanda à Celia de l'accompagner dans un autre bar où il avait peur d'aller tout seul (de fait il n'était jamais allé dans un bar homosexuel) et elle sauta sur l'occasion. À la porte blindée du bar, qui était situé dans une rue latérale des bas quartiers, le videur la regarda et leva le bras pour lui barrer l'entrée. « Je regrette, les femmes ne sont pas admises », dit-il en détachant chaque syllabe comme si elle était une enfant ou un étranger, quelqu'un qui comprendrait à peine l'anglais. Les femmes ne sont pas admises ; elle était donc attirée par l'inconnu, l'inconnaissable. De l'intérieur lui arrivaient des rythmes de musique disco, et des bouffées d'une odeur bizarre, comme de chaussettes sales, mais c'était plutôt doux. Voilà, elle était là, sur le seuil du monde des hommes qu'elle aimait, et elle ne pouvait pas y pénétrer sinon ce monde s'écroulerait, toute sa constitution imaginaire, fondée sur l'exclusion, s'effondrerait si elle entrait. « Les femmes ne sont pas admises », avait dit à nouveau le videur, comme si elle ne l'avait pas entendu, « ça n'est pas personnel, c'est le règlement. »

« Quand tous les hommes que vous aimez ne peuvent que s'aimer entre eux », répétait ensuite Celia à qui voulait l'entendre, « vous n'y pouvez rien, mais vous commencez à vous demander s'il y a quelque chose qui ne va pas dans le fait d'être une femme. Même si ça va contre tous vos principes, vous n'y pouvez rien, vous vous posez la question. » Ce soir-là, elle était devant la porte blindée, close, elle avait fermé les yeux et fait un vœu, à la façon d'un petit enfant, celui d'être délivrée de sa robe ample, de son maquillage, de ses bijoux, de ses fesses et de ses seins encombrants. Si seulement on pouvait lui enlever tout ce qu'elle avait en trop, la rendre mince et lisse comme Nathan et Andrew, alors elle pourrait se glisser derrière les portes aussi facilement que ces hommes qui passaient, pressés, devant elle ce soir-là, les mains dans les poches ; elle serait délivrée de son statut de femme, de sa féminité douteuse. Mais tout ce qu'elle avait pu faire, ç'avait été de repartir. Andrew restait près de la porte. « Eh bien… — Eh bien quoi ? — Est-ce que tu m'en voudrais vraiment beaucoup si j'y allais quand même ? » Elle vit dans ses yeux cet air désespéré, traqué, qu'elle lui avait déjà vu quand ils marchaient ensemble et qu'ils rencontraient des hommes élégants dans la rue ; et elle comprit que ce soir-là elle avait sans doute, elle aussi, cet air-là. Il y avait derrière ces portes quelque chose qui était plus fort que l'amour qu'il avait pour elle, beaucoup plus fort. Elle ne répondit rien, mais s'en alla en se promettant de ne jamais revenir dans ce quartier. Dans le métro, en rentrant chez elle, elle regarda une dame ranger ses quelques objets, sans fin, méticuleusement, et elle prit la décision de devenir amère et ironique, de parler d'elle-même avec dérision, et de toujours vivre seule. Elle prit la décision de dire : « Pour la plupart des jeunes femmes, tomber amoureuse d'un homosexuel est un rite de passage, pour moi c'est une profession. » Alors elle tirerait une bouffée de sa cigarette – elle disait une taf (parce que bien sûr elle se serait mise à fumer). Et elle rirait, et elle écraserait son mégot.

Celia a fait des œufs pour Nathan et Andrew, elle a garni chaque assiette avec un brin de cresson et une touffe de pousses d'alfalfa. Les assiettes sur les bras, elle va vers la bibliothèque où ils se sont mis à l'abri du soleil pour l'après-midi. Quand elle entre, elle voit Andrew, le dos appuyé contre le rebord de la fenêtre, et Nathan allongé, les jambes sur le canapé de cuir et la tête sur le sol.

« À table.

— Les dimanches sont toujours horribles, dit Andrew, quels qu'ils soient. Surtout les dimanches d'été. »

Nathan fait une roulade pour sortir du canapé. « C'est la dépression ! Quoi faire, quoi faire ?... On pourrait aller à un thé dansant. Il y a une gentille petite tradition de dimanche après-midi au River Club. Disco à tout casser, danseurs érotiques en chair et en os...

— Je ne rentre pas en ville une minute plus tôt qu'il n'est nécessaire, dit Celia.

— C'est ça, répond Andrew, je suis sûr que Celia adorerait le thé dansant. »

Celia le regarde.

« Tu m'étonnes, Andrew, dit Nathan, d'habitude, danser, tu aimes ça à la folie. D'habitude, on dirait que ça te rend complètement euphorique.

— Ça suffit.

— Oui, regarder Andrew danser, c'est comme, c'est comme... comment le décrire ? À mon avis, Andrew en train de danser représente l'accomplissement parfait du dualisme âme-corps. »

Il se lève, fait le tour du canapé, se remet en équilibre sur le dos, reprenant ainsi sa position la tête en bas. Il continue : « Le corps abandonné. Oubli total de soi, et rien qui ait quoi que ce soit à voir avec une pensée. »

Celia jette à Nathan un regard désapprobateur. Ce n'est pas nécessaire, aujourd'hui, Andrew est prêt à se défendre tout seul. « Je te trouve d'une hypocrisie ridicule, une fois tu me dis "Arrête de tout analyser à mort" et la fois d'après tu m'accuses de ne pas penser. Attaque nettement, Nathan !

— Ah ! » dit Nathan en relevant la tête et en la tournant du mieux qu'il peut vers Andrew, « mais je ne critique pas ta façon de danser, Andrew ! J'extrapole ! Tu peux imaginer ce que ce serait vraiment de ne pas penser, jamais, jamais ? Moi je crois que ce serait fantastique ! On avancerait comme ça, léger, sans avoir de plaisir particulier, mais sans avoir de peine non plus ! Sans jamais éprouver d'angoisse ou de jalousie – trop compliqué, trop fatigant. Je connais des gens qui sont vraiment comme ça. Tu vois, Celia, Andrew pense que je ne suis pas honnête. Il pense que, par peur, je fuis les implications complètes de mon choix sexuel. Il aimerait sans doute mes amis, les Peters. Des amants, Celia. Ils s'appellent tous les deux Peter, ils vivent ensemble, mais ils couchent avec n'importe qui ; si l'un d'eux a une liaison, l'autre s'en fiche. Il faut seulement que Peter raconte tout à Peter, et c'est comme si Peter avait la liaison lui aussi. Et ils sont contents. Ils ont complètement intégré leur homosexualité dans leur vie. C'est ce que nous sommes supposés faire, non ? Andrew ? »

Il se redresse et se rassied dans une position normale.

« Ne sois pas ridicule, dit Andrew, des gens comme ça ne sont même pas des êtres humains. »

Celia, assise en tailleur par terre, a terminé ses œufs. Elle tend la main vers l'assiette de Nathan et prend le cresson. Nathan a tout juste avalé quelques bouchées. Au restaurant, Celia se surprend souvent à picorer dans l'assiette des autres, sans l'avoir voulu, comme si elle avait perdu tout contrôle sur elle-même quand elle mange.

Nathan, la tête à l'endroit, chantonne la chanson de Pete Seeger, *Little Boxes*. Il jette un coup d'œil à Celia. « On chante, ma belle ?

— Chante si tu veux. Moi, je ne rechanterai jamais cette chanson. »

Nathan chante :

Les petits pédés du Village
Ils sont tous fabriqués sur le même modèle
Oui ils sont tous fabriqués sur le même modèle
Ils se ressemblent tous
Il y a le cow-boy, le soldat, le lutteur de l'UCLA
Ils sont tous fabriqués sur le même modèle
Ils se ressemblent tous.

Andrew éclate de rire. « C'est marrant. Quand est-ce que tu as fait ça ?

— C'est *moi* qui ai fait ça, dit Celia, en marchant dans la rue un soir. » Elle sourit, avec une certaine amertume car elle se rappelle cette soirée où ils marchaient bras dessus bras dessous, complètement ivres, devant *Uncle Charlie*, en chantant cette chanson. Tout à coup, Nathan était devenu très embarrassé, il se sentait coupable et il avait repoussé Celia. Il avait tout à coup eu horreur qu'on puisse imaginer qu'il faisait partie d'un couple hétérosexuel, surtout ici, devant son bar favori. « Rappelle-toi bien que je ne suis pas ton petit ami, avait-il dit à Celia.

— Je me demande pourquoi je te parle », avait-elle répondu. C'était juste après que Andrew l'avait laissé tomber à la porte de cet autre bar. Durant l'été, Andrew et Nathan, chacun de son côté ou tous les deux ensemble, la plantèrent là au moins quatorze fois ; à deux reprises, Nathan, qui habitait chez ses parents, lui demanda de lui prêter son appartement pour voir quelqu'un, et elle le fit. Elle ne pensait pas qu'elle valait davantage. Elle était grosse, et elle était le papier-tournesol. Les seuls hommes qui l'intéressaient étaient homosexuels, et elle ne connaissait apparemment pas beaucoup de femmes. Elle était Celia Typhoïde. Mais à la fin, elle se mit en colère ; c'était un dimanche, à Jones Beach, avec Andrew. « Réponds-moi. » Ils s'installaient sur la bande de sable qui est à peu près exclusivement occupée par des familles portoricaines. Andrew ne la regardait même pas ; il ne pouvait pas empêcher sa tête de se tourner vers la gauche, et de tâcher d'apercevoir la partie de la plage réservée aux homosexuels, là où Celia n'avait pas envie d'aller s'asseoir. « Réponds-moi, avait-elle répété. Une gentille question, pour voir, du genre, est-ce que vous préférez être aveugle ou sourd ? Pourquoi, quelle que soit l'affection que tu as pour tes amis, la simple possibilité d'une nuit avec quelqu'un que tu ne reverras sans doute jamais suffit-elle pour que tu les plantes là, que tu les mettes à la porte ou ignores leur existence quand tu les croises dans la rue ? Qu'est-ce qui fait qu'on n'a jamais aucun mal à abandonner un ami qu'on aime pour n'importe quel amant ? »

Et même à ce moment-là elle voyait que la tête d'Andrew se tournait imperceptiblement vers la gauche. Alors il l'avait regardée, et il avait tendu le doigt vers son visage : « Tu as une feuille de thé entre les dents de devant. »

Celia ne s'aperçoit qu'elle mange la dernière branche d'alfalfa dans l'assiette d'Andrew qu'au moment même où elle est en train de le faire. Saisie d'horreur, elle la repose, se donne une claque sur la main et se jure de ne plus jamais le faire.

« Quand est-ce qu'ils rentrent, tes parents ? demande Andrew.

— Pas avant ce soir, ils arrivent à sept heures.

— J'ai parlé aux miens la semaine dernière. Ils ont dit qu'ils chercheraient à me voir, à la télé, la semaine prochaine dans la Marche. Ça m'a vraiment touché qu'ils aient dit ça. Je n'ai même pas eu besoin de dire que ça allait être une Marche de la fierté, ils le savaient déjà. »

Du côté de Nathan, c'est le silence, Celia serre les poings.

« Tu viens défiler, cette année, Nathan ? »

Nathan se lève et va vers la chaîne stéréo. « Non », et il pose un disque de Ravel sur la platine.

« Dommage. »

Celia pense à crier pour qu'ils s'arrêtent tout de suite. Andrew sait que jamais Nathan n'a défilé et que jamais il ne défilera dans la manifestation annuelle des homosexuels-fiers-de-l'être, officiellement parce qu'il trouve stupides de telles manifestations publiques, mais en réalité parce qu'il vit dans la crainte que ses parents ne découvrent son homosexualité. La dernière fois que Celia est venue en visite ici, Nathan et son père étaient assis dans la bibliothèque et parlaient d'actions en bourse. Toute la soirée il avait été le fils parfait, un petit garçon obéissant, mais, dans le train pour revenir, il s'était rongé l'ongle du pouce et n'avait pas dit un mot. « Tu vas leur en parler un jour ? » Il avait secoué la tête, non, il leur cacherait toujours. La relation heureuse entre Andrew et ses parents, libéraux et compréhensifs, est sans doute l'arme la plus puissante qu'il ait contre Nathan, c'est celle qu'il retient jusqu'à la dernière minute, pour l'attaque finale.

« Cette année, c'est moi qui porte le drapeau des anciens élèves.

— Bien, dit Nathan.

— J'aimerais vraiment que tu viennes. Ça te plairait. Il y aura tout le monde, et c'est marrant de défiler.

— Laisse tomber, Andrew. Tu sais ce que j'en pense. Je pense que ce genre de manifestation publique ne fait de bien à personne. C'est ridicule.

— Ça fait beaucoup de bien à ceux qui défilent. Ça fait beaucoup de bien au monde de voir des gens qui n'ont pas honte d'être ce qu'ils sont.

— Ça n'est pas *qui* je suis, c'est peut-être une partie de ce que je suis, mais certainement pas qui je suis. » Il se retourne et, par la fenêtre, regarde les roses du jardin. « Tu ne vois pas que c'est une question privée ?

— Dans une lutte pour la liberté de choisir son identité, il ne peut pas y avoir de distinction entre le privé et le politique.

— Ah ! bien ! tu me cites le manuel maintenant. Ça aide. Tu sais ce qui ne va pas dans la ligne correcte du parti ? Exactement la même chose qu'avec ta manif. Ça met tous les homosexuels dans le même sac, ça supprime les différences personnelles, ça ne tient pas compte du fait que peut-être, pour certains, ce qui est politiquement juste est personnellement, émotionnellement, impossible. Et pour une politique qui est censée agir en faveur de la différence, ça n'autorise pas beaucoup de différences entre ceux qui sont différents. » Quand il prononce ces mots, sa voix leur rappelle celle d'un instituteur.

« Tu sous-estimes la politique, Nathan.

— Oh ! lâche-moi, Andrew, lâche-moi ! Tu sais très bien que la seule raison qui fait que tu t'intéresses à la politique c'est que tu as eu le béguin pour ce... comment s'appelait-il déjà ? Joel Miller, qui était en dernière année. Tu as eu un gros béguin, et tu étais Petit Andrew, et tu avais la trouille du mot homosexuel. Je me rappelle nettement toutes tes petites manières pour tourner autour du mot. "Je rejoins le cercle qui s'agrandit"... du diable si on comprenait où tu voulais en venir avec cette phrase, ça me dépasse. Mais voilà ce bon Joel Miller qui, pour coucher avec un type, pose comme condition qu'il porte un brassard lavande et parle de tout en termes de "pré-obstruction" ou "post-obstruction", et tout à coup voilà notre petit Andrew devenu Mr. Super Militant Politique. Tu as raison sur la politique, il n'y a pas de séparation entre le privé et le politique. »

Il tourne le dos à Andrew, avec un air dégoûté, prend la pochette du disque de Ravel et se met à lire la présentation avec un air furibond.

« Je ne supporte plus ça », dit Celia, et elle s'assied sur le canapé. Ni l'un ni l'autre ne semblent l'avoir entendue. On dirait que Nathan va se mettre à pleurer d'un instant à l'autre – il pleure facilement –, tandis qu'un sourire rusé commence à se former sur le visage d'Andrew.

« Nathan, est-ce qu'on sent une pointe de jalousie dans ta voix ?

— Va-t'en au diable, répond Nathan qui bondit hors de la pièce.

— D'accord, d'accord, défile-toi », dit Andrew en le suivant jusqu'à la porte de la bibliothèque. « Va donc pleurer dans les bras de papa, et raconte-lui donc tout ça... Va, qu'est-ce que tu en penses ?

— Ça suffit », dit Celia. Il se retourne, elle est là, la figure tordue de colère. « Seigneur Dieu, vous êtes deux enfants. Il est comme un écorché vif en face de toi, et à la seconde où il est vulnérable tu ne manques pas l'occasion, hein ? Tu cognes exactement là où ça fait mal.

— Laisse tomber, Celia. Il l'a bien cherché, il m'a mis en boîte tout le week-end. Je regrette, mais je ne vais pas continuer à lui servir de punching-ball, c'est terminé. C'est moi le plus fort. Ce qui vient de se passer en est la preuve.

— Tout ce que ça prouve c'est que tu peux être aussi cruel pour lui que lui peut l'être pour toi. Belle découverte.

— Il sait très bien que ça me touche, ses remarques sur la danse, alors il n'arrête pas de m'embêter avec ça. Il me traite comme un idiot sans cervelle qui n'a qu'une idée en tête, casser tous les objets précieux de ses parents. Eh bien, je ne suis pas idiot, Celia, je suis même sacrement plus cohérent que lui.

— Raison de plus pour ne pas le blesser. Tu sais tout ce que ça remue le défilé, ses parents, tu sais que c'est un point douloureux, sans parler de Joel Miller.

— Mais tout le temps que je voyais Joel, est-ce qu'il m'a dit un seul mot ? Est-ce qu'il m'a seulement adressé la parole ? Non ! Cette fois-là, Celia, il m'a fait plus de mal que je ne pourrai jamais lui en faire. »

Celia rit, d'un rire dur, aigu. « Eh bien, comptons les points, à qui a eu le plus de peine. »

Nathan et Andrew étaient devenus amants à Florence, l'été qui avait suivi leur deuxième année. C'était arrivé juste quelques jours avant celui de leur rendez-vous avec Celia à Rome. Cet été-là, comme tous les étés, Nathan voyageait, en gosse de riches, il faisait partie de la horde d'étudiants sac au dos qui essayaient de profiter au maximum de leur carte Eurail. Andrew avait des raisons plus sérieuses d'être en Europe : il avait obtenu une bourse pour étudier l'influence du maniérisme sur le baroque, en prenant essentiellement appui sur la statuaire de certains jardins italiens de la fin du XVIe siècle. Le voyage de Celia, lui, commençait plus tard et finissait plus tôt que celui de ses amis, car elle avait moins d'argent qu'eux et il lui fallait rentrer s'enchaîner à un travail de secrétariat pour payer ses études de l'année suivante. Elle n'était encore jamais venue en Europe, et, quand elle retrouva ses amis à Rome, elle était tout excitée, avec plein d'anecdotes à raconter sur son passage en Angleterre et en France. En particulier elle voulait leur parler d'une petite ville au pays de Galles, avec des remparts et des douves, leur raconter comment elle, toute grosse et maladroite qu'elle était, elle avait réussi à grimper en haut du rempart et en avait fait le tour, comme les chevaliers du guet l'avaient fait au XIIIe siècle. Du haut des remparts on voyait la ville, les maisons douillettement serrées les unes contre les autres, un château en ruine, et la baie où les pêcheurs attrapaient le saumon à marée haute. Et, au-dessus de tout ça, Celia... Elle s'était sentie sûre d'elle-même, et, pour une fois, elle avait aimé l'allure qu'elle devait avoir aux yeux des autres, vive, pleine d'assurance, sachant comment voyager, capable de goûter les plaisirs de l'Europe sans être victime des inconvénients ou des traquenards. Et de fait, quand elle arriva en Italie, Celia était tellement occupée d'elle-même qu'il lui fallut quelques jours pour s'apercevoir de ce qui se passait entre Nathan et Andrew. Elle parlait, parlait, ils étaient assis en face d'elle, les mains devant eux, et ils l'écoutaient courtoisement. Et puis le troisième jour de la semaine qu'ils passaient ensemble, eux deux insistèrent pour garder la double chambre qu'ils partageaient à trois et pour que Celia prenne une chambre seule, chère d'ailleurs, alors qu'une chambre pour trois bien meilleur marché venait de se libérer. Elle se demanda pourquoi, et elle comprit tout. Cet après-midi-là, ils étaient sortis pour aller voir les catacombes, et sur le chemin ils avaient joué à un jeu appelé « Dans la malle de ma grand-mère ». Nathan avait commencé : « Dans la malle de ma grand-mère, j'ai trouvé un absurde abutilon. » C'était le tour d'Andrew : « Dans la malle de ma grand-mère, j'ai trouvé un absurde abutilon et un belliqueux bovin. » Celia tortilla une mèche autour de son petit doigt, réfléchit et dit enfin : « Dans la malle de ma grand-mère, j'ai trouvé un absurde abutilon, un belliqueux bovin, et un chrysanthème crénelé », elle souriait, toute fière de sa réponse. Nathan ne lui jeta même pas un coup d'œil, pourtant la réponse d'Andrew l'avait fait rire. Elle comprit qu'ils étaient amoureux, et qu'ils étaient amants, elle avait sans doute ressenti (pense-t-elle maintenant) une certaine complicité dans la façon dont ils parlaient, dont chacun écoutait les réponses de l'autre comme s'ils avaient parlé en langage codé. Ils s'offraient l'un l'autre des « éristales énervés » et des « navets navrés » comme si c'étaient des cadeaux précieux jusqu'à ce que Celia se sente complètement exclue du jeu. Avec Andrew, il n'y avait encore rien d'officiel à ce moment-là, et pour autant qu'elle sache, Nathan et lui ne se connaissaient que par elle. Leur rendez-vous à trois avait été fixé à l'improviste au cours d'un dîner qu'ils avaient eu ensemble. « Eh bien, disons le 24 juillet devant le Panthéon », avait proposé Nathan, qui prétendait connaître Rome aussi bien que New York. Andrew et Celia n'étaient jamais venus en Europe ni l'un ni l'autre, et tous deux s'émerveillaient de ce qu'il soit possible ici, dans le Nouveau Monde, de fixer un rendez-vous là-bas, dans cet étrange Vieux Monde, celui de Marc-Aurèle, d'Isabelle Sforza et d'Éléonore de Tolède. Quant à Nathan, il savourait son statut de connaisseur, de voyageur expérimenté. Il leur montrerait tout, leur dit-il, il serait un guide merveilleux. En s'endormant ce soir-là, Celia avait pensé aux livres de son enfance, où des trios d'enfants partaient ensemble à l'aventure dans des pays lointains ou dans d'autres mondes. Mais apparemment Nathan et Andrew avaient fait d'autres plans sans le lui dire, pour se retrouver avant, et sans elle ; sans aucun doute ils s'étaient vus seuls et sans qu'elle soit au courant ; sans aucun doute, comprit-elle en repartant de Rome, la relation privilégiée n'était plus avec elle, mais entre eux.

Elle finit par leur faire face dans un café de la place Navone. « Je voudrais que vous sachiez que je suis consciente de ce qui se passe, et je crois que nous devrions en parler. » En fait ce fut Nathan qui parla, tandis qu'Andrew se tortillait, à la fois embarrassé et terrorisé. Ce que Celia se rappelle le plus intensément dans cet après-midi, c'est le désir irrésistible qui l'avait saisie de s'enfuir en courant. Elle pensait avec envie à la ville du pays de Galles, au vieux rempart croulant avec elle au sommet, et elle n'avait qu'un souhait, retourner là-bas, ne serait-ce qu'un moment, pour retrouver ce dont elle avait justement besoin maintenant, cette sensation rare de liberté et d'avoir dépassé le monde besogneux.

Elle les félicita (et, comme une idiote, elle se dit que c'était une réussite) ; elle leur dit qu'elle était heureuse pour eux (et elle se demanda pourquoi ça la rendait si malheureuse) ; elle accepta volontiers la chambre à un lit. Mais est-ce qu'elle devait rester ? Est-ce que ce ne serait pas mieux si elle partait en les laissant seuls ? Non, jamais ! Bien sûr, ils avaient envie qu'elle reste, il fallait qu'elle reste. C'est ce qu'elle fit. Quelques jours plus tard, ils visitaient les jardins de la villa d'Este à Tivoli. Pour ses recherches, Andrew prenait fébrilement des notes au sujet de bas-reliefs figurant des hommes en train de se transformer en poissons. Andrew lut à Nathan un passage de son cahier :

Que la mousse détruise leurs visages est l'acte de récupération dernière. Ce qui est symbolisé ici, c'est le conflit inépuisable de l'art et de la nature. En un sens, la nature soumet les hommes en les ramenant à des formes de vie moins élevées dans l'échelle des êtres, mais en fait c'est l'art qui soumet la nature. Les gueules des poissons font partie du système de drainage – véritable prodige technique au XVIe siècle – qui permet à l'eau des fontaines de circuler en circuit fermé grâce au système de pompes. Ce n'est qu'aujourd'hui que la nature prend sa revanche en détruisant les têtes des poissons, lentement, année après année. En les érodant, en les recouvrant de mousse. La mousse, le vent et le temps : combien Tivoli résistera-t-il encore ?

Triomphalement il referma son cahier bleu, sur la couverture duquel figuraient les armes de leur université. « Alors ?

— Quelle poésie ! » dit Nathan.

Andrew le regarda : « Qu'est-ce que tu veux dire ?

— Je veux dire que c'est charmant et sensible, mais je n'arrive pas à croire que tu affirmes tout ça alors que tu n'as aucune base historique. Comment peux-tu savoir si ce que tu dis se passer a bien été prévu par le destin ?

— Un fait historique, ce n'est rien d'autre qu'une fiction d'historien. Je ne prétends pas connaître la destinée de qui que ce soit. Je fais une *lecture* de ce jardin. »

Ça ne faisait que commencer. Andrew accusa Nathan d'être un cuistre, et Nathan accusa Andrew de prendre des libertés avec la rigueur universitaire. Celia les comprenait déjà mieux qu'ils ne se comprenaient eux-mêmes : Andrew était impulsif, Nathan prudent; Andrew avait une raison d'être en Europe, Nathan n'en avait aucune (et il en était jaloux). Le sujet l'ennuyait si bien qu'elle s'éloigna d'eux et se retrouva au milieu d'un groupe de touristes qui venaient de l'Oklahoma. Le groupe s'immobilisa devant une statue de la Diane d'Éphèse, chacun de ses douze seins versant de l'eau dans une urne ancienne, et le guide parlait de la déesse comme symbole de fertilité naturelle : « Selon certains auteurs, elle est liée à Vishnu, le dieu aux treize mains, dit-il avec solennité.

— Je parie que son mari était le type aux treize mains », beugla une femme avec une coiffure en forme de ruche, et tout le monde éclata de rire. Celia qui était au milieu d'eux s'aperçut tout à coup qu'elle aussi était en train de rire, il valait mieux qu'elle parte.

Elle s'en alla le lendemain matin. À la gare, Nathan et Andrew discutèrent avec elle, lui demandèrent de rester, mais sa décision était prise. Elle prit le train de nuit pour Calais, puis le ferry, puis un autre train pour Londres. Après une nuit à l'hôtel près de Knightsbridge, elle réunit tout l'argent qui lui restait et acheta un aller-retour pour la chère petite ville du pays de Galles. Presque aussitôt arrivée, elle réserva un bed and breakfast, et s'en alla voir le rempart. Il y avait un groupe d'enfants de neuf ou dix ans maximum qu'on amenait là, des gosses venus d'une ville industrielle des Midlands avec des coupes de cheveux iroquois et des vestes en vinyle noires et crasseuses. Ils se battaient à propos de bonbons et faisaient semblant de se faire tomber du rempart. Puis ils commencèrent à lui hurler des obscénités – qu'elle comprenait à peine – et elle se dépêcha de s'éloigner ; elle s'arrêta sur la pelouse et ferma les yeux. L'air était frais, avec l'odeur d'une pluie récente, et en même temps le parfum de biscuits qu'on faisait cuire non loin de là. Un vieil homme qui était assis sur un banc de pierre s'approcha d'elle en boitant et commença à lui parler, mais son accent gallois était si fort qu'elle pensa qu'il parlait une langue étrangère, du finnois ou du néerlandais. « Doucement, s'il vous plaît, doucement », dit-elle, jusqu'au moment où elle comprit qu'il lui demandait pourquoi elle pleurait. « Pleurer ? moi ? », elle se passa la main sur les yeux et les trouva trempés de larmes.

À l'autre bout du continent, Nathan et Andrew ne pensaient même pas à elle.

Ils ont beau frapper plusieurs fois à sa porte, pas de réponse, on dirait que Nathan a décidé d'ignorer ses amis cet après-midi, si bien que vers trois heures Celia et Andrew vont faire un tour à la plage. Celia est décidée à passer dehors le plus de temps possible, avec ou sans Nathan. Il fait la tête depuis trop longtemps, et elle a perdu patience. D'un autre côté, Andrew ne peut pas s'empêcher de se faire du souci pour son ami ; le bref triomphe a laissé dans son sillage un lourd sentiment de culpabilité. « J'ai gagné, je pense, ça m'a fait du bien. Mais maintenant j'aimerais avoir perdu. Je n'aime pas cette impression. Tu sais, il a gagné dans pratiquement toutes les disputes que nous avons eues.

— Ne t'en fais pas pour lui. Tu le connais. Il fait la tête. En plus moi je croyais que ça te faisait vraiment plaisir de l'avoir remis à sa place.

— Mais c'est exactement ça. Ce n'est pas à moi de le remettre à sa place. Ce n'est pas à moi de faire ça.

— Andrew, c'est ridicule ; dans une relation, les choses changent, peut-être est-ce que ça veut dire que tu es en train de casser les habitudes ? »

Andrew remue violemment la tête et chasse un moustique devant sa figure. « Ça ne marche pas comme ça. Pendant des années j'ai eu une idée de qui il était et de qui j'étais. Je savais que j'étais plus conscient politiquement et que j'avais une attitude plus saine en face de la sexualité et du fait d'être homosexuel. Je savais qu'il était politiquement réactionnaire et déchiré, parce qu'il aime coucher avec des hommes et que c'est complètement contraire à son éducation. Et en même temps, il avait quand même ce pouvoir sur moi, parce qu'il est le premier avec qui j'ai couché. Jamais il ne me laissera oublier que j'étais un petit garçon effrayé alors que lui savait exactement ce qu'il était en train de faire.

— Je ne suis pas sûre que ce soit vrai.

— Mais c'est ce qu'il a été pour moi, Celia. Le premier soir quand on s'est retrouvés à Florence, on avait tellement peur, on savait tous les deux pourquoi on était là, ce qui nous avait fait venir, mais on n'était même pas capables de faire semblant d'en parler. Le moindre geste, la moindre allusion en rapport avec l'homosexualité paraissaient très courageux parce que je continuais à croire – à un certain niveau – qu'il aurait été horrifié s'il avait découvert que j'avais envie de coucher avec lui, et qu'il aurait dit quelque chose du genre "Comment peux-tu imaginer que j'aie envie de quelque chose comme ça ?" je veux dire, pour Nathan, je ne savais vraiment pas. Je marchais à l'instinct. Et puis pour finir, on s'est retrouvés tous les deux dans la chambre, à la "pension", assis sur son lit, et voilà qu'il ne faisait rien. On est restés assis plus de cinq minutes sans dire un mot. Je ne pouvais pas faire un geste.

— Pourquoi ?

— Tu vois, c'était entendu, il était le plus expérimenté. C'était à lui de faire le premier geste. Je suis incapable de dire pourquoi, mais c'est comme ça. Alors il a commencé à tousser. Ah ! qu'est-ce que j'avais peur… Je lui ai tapé dans le dos. Et puis je n'ai plus bougé la main.

« Il a dit : "Tu es très doux", alors j'ai levé mes jambes sur le lit – j'étais assis et lui couché, et en plein mouvement j'ai eu une horrible crampe, je me suis mis à crier, et lui riait. Il m'a détendu et m'a remis la jambe comme il faut. Et puis, nous avons fait l'amour. Très violemment. Sans recherche, sans technique. Mais c'était absolument "faire l'amour" et pas simplement "baiser". » Andrew se met à rire. « Je me souviens très bien, ces deux Américains ivres qui sont rentrés dans la chambre à côté, tard ce soir-là, en chantant *Superfreak*. Et puis autour de trois heures du matin il y en a eu un qui a dû avoir un cauchemar, il est sorti dans le couloir et il a commencé à crier, puis il s'est mis à pleurer. L'autre a essayé de le faire taire mais il continuait à geindre. Je me rappelle exactement ce que son copain a dit. C'était : "Eh mec ! du calme, déconne pas." Nathan dormait, on était emmêlés l'un avec l'autre d'une manière incroyablement compliquée. Je sentais ses poils, sa respiration, les battements de son cœur. Je suis resté réveillé toute la nuit. »

Depuis un moment ils longent l'océan sans même s'en être aperçus. La plage est presque déserte, à part un acharné du bronzage et une femme qui nage parallèlement à la côte.

« Le lendemain, on est tombés sur cette fille que j'avais connue au cours de botanique le semestre d'avant. Charlotte Mallory, tu te rappelles. On a dîné ensemble. Nathan a gardé sa jambe contre la mienne sous la table pendant tout le dîner. C'était un secret merveilleux, ce que nous avions essayé cette nuit-là restait un monde à découvrir, j'avais tout à apprendre. »

Il s'arrête, sourit et se tourne vers Celia. « Ce n'est pas très gentil de ma part, non ? de t'imposer tout ça ?

— Ah ! ne recommence pas ! Andrew, il y a une chose qui m'étonne : pourquoi Nathan et toi vous éprouvez le besoin de poursuivre ça ; je veux dire, c'est vrai, ça a été bien autrefois, mais ça tourne toujours mal comme aujourd'hui. Vous savez trop bien comment vous blesser l'un l'autre. Les souvenirs sont précieux, mais regarde ce que ça donne, regarde-toi maintenant. »

Ils se sont remis à marcher, ils quittent la plage et reviennent vers la maison des parents de Nathan. Andrew a les mains dans les poches et les yeux fixés au sol droit devant lui. « Celia, il y a une chose qu'il faut que tu comprennes au sujet de Nathan et moi. Il m'a appris des choses.

— Il t'a appris quoi ?

— Grandir pédé, c'est bizarre. Tu n'apprends rien sur le corps des garçons parce que tu as peur de ce que tu vas éprouver, ni sur le corps des filles parce que tu as peur de ce que tu ne vas pas éprouver. Si bien que la première fois que tu couches avec quelqu'un, c'est comme si c'était la première fois que tu voyais un corps. Je regardais tout. Je me rappelle, j'étais émerveillé de voir son diaphragme monter et descendre pendant son sommeil, je n'avais jamais regardé quelqu'un dormir. Parce qu'il m'a montré ça, à cause de ça, je l'aimerai toujours, même s'il agit comme il le fait. Jamais je n'oublierai comment il est quand il dort. »

Ils continuent à marcher, Celia ne dit rien.

« C'est pour ça, reprend Andrew après un silence, qu'il aura toujours l'avantage sur moi. Tu sais ce que ça me rappelle ? Tout cet été-là, nous sommes restés dans des pensions où on nous donnait d'habitude des chambres à deux lits. Le matin, Nathan insistait pour qu'on défasse le lit où on n'avait pas dormi. Eh bien, j'ai toujours pensé, et lui aussi, que le lit intact était le mien. »

Ils sont dans le jardin. Celia regarde la terre retournée à ses pieds. C'est la fin de la saison, tout a été pioché. Pas un signe de Nathan.

« Celia, ce n'est pas sympa de ma part.

— Quoi ?

— C'est cruel. Tout ça doit te faire croire que tu ne comptes pas. Mais ce n'est pas vrai. On t'aime beaucoup, tous les deux.

— Tu parles comme si j'étais un enfant adopté.

— Excuse-moi. Ce n'est pas ce que je veux dire. C'est seulement – enfin je crois que tu dois comprendre. Nathan a toujours imaginé que tu étais amoureuse de lui d'une certaine façon, et que c'était pour ça que tu restais avec nous. »

Celia sursaute, elle le regarde, les sourcils froncés. Elle se dit qu'elle sait ce qu'il est en train de faire. Il est en train d'essayer de la faire venir dans son camp. Comme d'habitude. Mais même en sachant ça, la révélation, qui n'est pas une révélation du tout, la frappe durement, à l'estomac.

Elle regarde au loin. « Pourquoi je suis restée avec vous ? Je suis restée avec vous parce que je vous aime tous les deux. Je vous suis dévouée à tous les deux. Si Nathan imagine que je cours après lui, depuis tant d'années, il se flatte. »

Andrew rit, elle regrette le léger ton de ressentiment qu'elle a eu dans la voix. Elle ne veut pas lui faire plaisir en ayant l'air de récriminer. Et en même temps, elle se demande : Pourquoi, après tout ? Est-ce qu'il est finalement arrivé ce jour où elle doit se trouver face à face avec elle-même ? C'est souvent presque arrivé, et puis il y a toujours eu un répit.

« Il est tout simplement égoïste, dit Andrew, je veux dire, il pense à lui comme s'il était précieux, tout comme les baffles de ses parents (qui valent des milliers de dollars). Il faut faire bien attention avec lui, et lui cherche à être blessant pour tout le monde. » Il a un sourire affectueux. « Pauvre Nathan. Tu sais où il est en ce moment ? Dans la chambre de ses parents, tout pelotonné, comme un petit enfant, il reste là couché sur ce grand lit. C'est là qu'il va quand il se sent petit, dans un endroit où il est petit. »

Ils approchent de la porte. Andrew se retourne et regarde Celia, tout à coup il a l'air bien plus grand qu'une heure plus tôt. « Ça t'ennuierait beaucoup si j'y allais tout seul, un petit moment ? Juste le rejoindre ? Tu pourrais nous attendre dans la bibliothèque, ou près de la piscine. Il faut qu'on s'en aille à sept heures moins le quart. »

Celia se croise les bras sur la poitrine. « Bien sûr que non, c'est bien. » Elle ne regarde pas Andrew, elle regarde les érables, la vigne vierge qui couvre les murs de la maison, les grappes de glycine qui embaument.

« À tout de suite. » Et puis il y a le bruit de ses pas, de la porte-moustiquaire qui bat contre la maison.

Celia s'en rend compte, c'est un genre de répit dont elle se serait bien passée.

Un soir, tard dans le printemps de leur dernière année d'université, ils étaient tous les deux ivres d'avoir bu de grands mélanges traîtres de rhum et de jus de fruits, et Nathan avait raconté à Celia la nuit où Andrew et lui avaient fait l'amour pour la première fois. Il le fit plus gaiement, il ne parla pas du lit intact, mais il s'attarda longuement, avec une attention passionnée, sur les conversations pénibles qu'ils avaient eues ce soir-là. Une fois, nos pieds se sont touchés, et nous avons sauté en l'air tous les deux comme si chacun avait envoyé une décharge électrique à l'autre. La deuxième fois que nos pieds se sont touchés, on ne les a pas retirés. Je me disais « S'il fait une remarque, je pourrai toujours prétendre que je croyais que c'était le pied de la table ». Naturellement Nathan ne s'était pas endormi non plus. Il se rappelait les garçons d'à côté qui chantaient *Superfreak*, et les paroles exactes de celui qui consolait l'autre, c'était « Eh, mec, du calme, déconne pas. »

« Le point, c'est que j'étais arrivé à convaincre Andrew que j'étais M. Douceur, très expérimenté. Et c'est vrai que j'avais plus d'expérience que lui, mais j'étais quand même ultra-nerveux. Je veux dire, être un séducteur, c'est très différent de savoir comment être séduit. Pour finir, quand on s'est retrouvés seuls dans la chambre, j'ai résolu d'être brave. Alors je suis allé vers lui – il déboutonnait sa chemise – et je lui ai dit : "Pourquoi tu ne me laisses pas faire ça ?" Il était glacé, alors je l'ai embrassé. »

Il sourit. Celia le connaissait trop bien pour croire à sa version, dès cette époque elle savait qu'il y avait des situations où Nathan éprouvait le besoin d'arranger la vérité, de composer une image de soi qui était un tout petit peu fausse, une taille au-dessus ou en dessous. Après tout, la liaison d'Andrew avec Joel Miller en était à son point culminant. Nathan était terriblement jaloux, c'était important pour lui de s'affirmer devant Celia, qui demeurait le seul lien avec Andrew. Durant toute l'année, Celia avait répété qu'elle avait besoin de temps pour elle, d'avoir d'autres relations, mais pratiquement depuis le début Andrew et Nathan ne la quittèrent pas une minute. Ils voulaient qu'elle prenne parti pour l'un ou pour l'autre dans leurs disputes. Apparemment les discussions du genre de celle dont elle avait été témoin à la villa d'Este avaient continué et s'étaient envenimées après qu'elle les avait quittés. Ils se chamaillaient et s'envoyaient des piques, jusqu'au soir où, à Paris, Andrew avait fait sa valise, fou de rage, et, en pleine nuit, était sorti de leur petite chambre du Quartier latin et s'était embarqué dans un train pour Salzbourg. Durant le voyage sa colère s'était calmée, et il avait repris un autre train pour revenir à Paris, mais quand il était arrivé à leur auberge, Nathan l'avait quittée sans laisser d'adresse.

Andrew s'était paniqué, pour le coup il était seul, absolument seul, et il n'avait aucun moyen de retrouver Nathan sauf s'il tombait sur lui par hasard. Leurs plans étaient vagues, mais ils avaient plus ou moins projeté d'aller à Cannes, alors Andrew y était allé, et pendant deux jours il avait parcouru la ville infatigablement, scrutant les rues et les plages à la recherche de Nathan, préparant ce qu'il lui dirait quand il le retrouverait, imaginant à l'avance son attitude distante et froide et la façon dont il s'y prendrait pour obtenir son pardon. C'était dur de coucher tout seul à nouveau, il gardait présente l'odeur propre de savon, d'eau de Cologne et de Nathan. Il ne trouva pas Nathan à Cannes, ni ailleurs en Europe. Il continua son voyage. Le temps qu'il revienne aux U.S.A. son désir s'était changé en quelque chose qui ressemblait à de la haine. Nathan lui aussi était fâché. En fin de compte, il était difficile de dire qui était parti, à qui était la faute pour ce qui s'était passé.

À la rentrée, ils pouvaient à peine s'adresser la parole, si bien qu'ils parlaient à Celia pour lui donner chacun sa version de ce qui était arrivé à Paris, chacun essayant de lui faire adopter son point de vue. C'est la seule fois, songe Celia, que deux hommes ont été rivaux dans son affection.

Elle s'est dit que sa position était délicate. Au début il fallait être sûr que Nathan ne la voie jamais avec Andrew et *vice versa* ; ils voulaient absolument tenir d'elle et d'elle seule leurs informations sur l'autre. Alors elle a commencé à arranger des rencontres inopinées ; ils ne pouvaient pas s'empêcher de se parler – garder le silence aurait paru une façon d'être à cheval sur les principes et chacun avait souci de marquer son originalité. Au bout du compte, Andrew appela Celia à trois heures du matin, il était en larmes. Elle n'arriva pas à comprendre ce qu'il disait, mais elle réussit à lui faire dire où il était, elle mit son manteau et partit à sa recherche. C'était juste le début de l'hiver, le ciel avait une sorte de lisière bleue comme si c'était l'aurore ou le crépuscule et non pas le milieu de la nuit ; et comme c'était une nuit de samedi à dimanche, qu'on était à la moitié du semestre, il y avait un bon nombre de joueurs de football en goguette, ivres, qui titubaient et faisaient du chahut. Celia avait trouvé Andrew assis sur un des poteaux d'une vieille clôture, enveloppé dans un manteau qu'il avait acheté à l'Armée du salut, immobile. Elle le ramena chez elle, lui fit du thé, s'assit en face de lui, et, posant les mains sur ses genoux (elle n'avait pas enlevé ses gants), elle lui demanda : « Alors, maintenant, qu'est-ce qui ne va pas ? »

Il se mit à pleurer pratiquement tout de suite, elle le laissa faire en le tenant serré contre elle, il avait des frissons et claquait des dents, et, en bégayant, il dit exactement ce qu'elle attendait : « Il ne veut pas de moi. Et je l'aime. »

Celia dénicha Nathan le lendemain à la bibliothèque. Dès qu'elle prononça le nom d'Andrew, il lui fit signe de se taire, en montrant du doigt son camarade de chambre – un grand jeune homme qui fumait la pipe quelques mètres plus loin – et il l'emmena dans un coin. Là il lui expliqua qu'il en avait absolument assez d'Andrew, de ses sautes d'humeur, de ses bêtises. S'enfuir en plein milieu de la nuit à Paris, en plantant là Nathan, et puis deux mois plus tard surgir brutalement dans sa chambre – Dieu merci son camarade de chambre n'était pas là – et commencer à pleurnicher en disant qu'il en avait marre de jouer au chat et à la souris, et qu'il voulait qu'on parle, et qu'il avait été blessé et intimidé par le comportement de Nathan à son égard à Paris ; tout ça bien sûr, c'était quand même un peu fort, c'était tout de même bien Andrew qui avait abandonné Nathan, et pour mettre les points sur les « i », il fallait le dire bien fort. Si bien que Nathan lui avait dit de sortir, que c'était terminé, qu'il faisait une montagne d'une taupinière. Naturellement, en ce moment même où elle était assise dans un coin à la bibliothèque, Celia savait parfaitement qu'il ne fallait pas prendre la version de Nathan pour argent comptant. Elle comprenait que Nathan était en colère, mais aussi qu'il avait peur qu'Andrew ne tienne à faire une grande scène publique à propos de questions que lui préférait garder pour l'intimité. Nathan est habile dans les petites insultes faites en privé, la grande tactique d'Andrew, c'était et ce sera toujours la grande scène. Nathan comprenait sans doute que son ami était prêt à jaillir du placard comme un obus, pour reprendre les termes de Celia, et c'était plus que son sens profondément enraciné de la bienséance ne lui permettait de supporter. Derrière ce sens de la bienséance, il y avait la peur. Le petit Andrew, avec toute son innocence, était en train de devenir cela même que Nathan ne pourrait jamais être : il était en train de devenir courageux. Si bien que Nathan choisit de ne pas lui pardonner son geste de Paris, et il le laissa tomber.

Peu après, on commença à voir Andrew en compagnie du fameux militant Joel Miller, la suite était facile à prévoir. Joel Miller avait déjà fait ça avec d'autres jeunes hommes en apparence peu influençables, et qui sortaient toujours de leur liaison inscrits au parti de la gauche, tendance lavande. Nathan faisait semblant de ne pas s'en soucier, mais Celia avait vu ses yeux quand il épiait Andrew et Joel en train de manger ensemble au réfectoire. Il n'avait pas pu se retenir d'en parler. « Qu'est-ce qu'il a à passer autant de temps avec ce type, Joel Miller ? » avait-il dit à Celia, en espérant qu'elle lâcherait une information, mais Celia avait pris pour nouvelle règle de ne pas parler d'Andrew avec Nathan et réciproquement. Bientôt la liaison fut de notoriété publique, et le malaise de Nathan augmenta. Il s'éclipsait chaque fois qu'il les voyait, et quittait les fêtes où ils étaient (« Ils font leur entrée comme un capitaine de football et une reine de beauté qui rentre chez elle », avait-il dit à Celia). Quant à Andrew, c'était la béatitude : Joel était un génie, il voulait l'épouser. Celia pouvait être heureuse pour lui, elle était comblée d'avoir à prendre soin de Nathan qui frappait à sa porte à tout moment. Elle avait pitié de lui : jamais il n'aurait admis qu'il était terriblement intimidé par Joel Miller, ni que sans doute il aimait Andrew. Toujours est-il qu'elle l'avait près d'elle. Il était là tout le temps – à sa porte, il l'attendait au réfectoire, à la bibliothèque. Elle contrôlait ce qu'ils entendaient l'un sur l'autre et bien sûr elle était au courant de tout ce qui les concernait. Un soir elle écoutait Nathan se plaindre, ses angoisses, ses misères et sa solitude ; le lendemain c'était Andrew, l'éloge des merveilles de l'amour, le dépassement des rôles sexuels, et les boucles noires de Joel Miller qui lui descendaient jusqu'aux épaules.

Il fallut longtemps à Celia – le temps de prendre un peu de recul sur cette année où les choses avaient été si intenses entre eux – pour que lui vienne à l'esprit que son bonheur avec Nathan et Andrew dépendait du malheur qu'il y avait entre eux.

À la tombée du jour, Nathan et Andrew sortent de la maison. Ils sont vêtus autrement qu'ils n'étaient plus tôt, et ils discutent avec animation et ardeur, de temps en temps ils rient. Sitôt qu'elle les voit, Celia ferme les yeux. Elle est allongée près de la piscine, le numéro de *Army Slave* ouvert sur les genoux. Tout autour d'elle les lucioles explosent de lumière, les criquets hurlent. « Allons, Celia, prépare-toi », dit Nathan. Elle ouvre les yeux, il est penché sur elle, souriant. « Mes parents vont revenir d'un moment à l'autre, et je n'ai pas envie d'être là quand ils arriveront. » Il lui tapote le genou, puis se tourne vers le patio où Andrew l'attend. Elle lève la tête, mais dans le soir c'est à peine si elle peut voir leurs visages. « J'imagine que ça va mieux.

— Oui. Bien mieux », dit Nathan.

Elle hoche la tête et se lève pour faire sa valise. La gare est à dix minutes de marche, et quand ils arrivent le quai est déjà plein de gens fatigués, en short, qui bâillent et ouvrent leur journal. Quand le train arrive, il est déjà bondé ; il n'y a pas trois sièges ensemble. Andrew s'assied avec Celia, et Nathan tout seul deux rangs derrière eux, c'est tout profit pour elle : il s'est passé quelque chose entre Nathan et Andrew cet après-midi : on dirait qu'ils se sont pardonné. Sinon, pourquoi penseraient-ils à elle ?

Elle s'appuie au dossier, voit redéfiler à l'envers ce panorama agréable, depuis la crasse de Penn Station jusqu'à Hampton qui est si beau et qu'ils laissent derrière eux ; voici maintenant la célèbre banlieue de la « Terre des Mecs » (comme dit Nathan), voici l'enfer de Queens. Au moment même où ils franchissent la frontière entre New York City et le reste du monde, Nathan ne peut s'empêcher de venir vers eux pour la montrer du doigt.

Puis c'est le tunnel sous l'East River et sous la ville illustre où ils vivent.

Ils descendent du train. Il n'y a pas l'air conditionné à Penn Station qui est bourré de monde. Celia s'éponge le front et remet ses sacs en ordre entre ses jambes. Elle va prendre la ligne pour remonter vers l'Upper West Side, Nathan et Andrew doivent traverser la ville à pied pour prendre le métro de l'East Side, ils vont faire semblant de partir chacun de son côté. Elle sait, sans aucun doute, qu'ils vont passer la soirée ensemble, peut-être aussi celle de demain soir ; elle se demande s'ils vont dîner dehors, aller au cinéma, parler d'elle et hocher la tête. Cela va durer quelques jours ; et puis, elle en est sûre, ils vont se disputer. L'un d'eux va lui téléphoner, peut-être les deux. Ou peut-être vont-ils décider d'habiter ensemble, et ne plus jamais lui téléphoner.

« Il faut que j'attrape mon métro », dit-elle quand il devient évident qu'ils ne vont pas l'inviter avec eux. Elle leur tend la joue pour qu'ils l'embrassent, comme on donne une bénédiction. Ils ont l'air un peu gauches, un peu coupables, et elle n'arrive pas à croire qu'ils aient l'air coupables encore maintenant alors que c'est comme ça depuis tant d'années. Et en plus il n'y a vraiment pas matière à s'excuser. Celia fait un pas, Nathan l'appelle par son nom. Elle se retourne. Il est tout près d'elle, un grand sourire sur la figure : « Tu sais, tu es formidable. Quand j'écrirai mon livre, je te le dédierai. »

Elle lui sourit et se met à rire. Il a dit la même chose le jour où elle les a laissés à la gare des Termini à Rome, et s'est embarquée pour Calais. Toute la nuit, la voiture couchette où elle dormait avait été raccrochée et décrochée de chapelets de wagons éclairés, transférée d'un train de luxe à un autre, et ainsi, comme un enfant volé, transportée seule jusqu'à la côte. Elle partageait un compartiment avec deux Anglaises qui revenaient de vacances et un Suisse qui allait à Liverpool acheter une pièce de rechange pour sa voiture. Comme des collégiens dans un dortoir, les quatre, couchés sur leur lit, avaient parlé tard dans la nuit. Les roues ferraillaient, le train avançait ; chaque minute la rapprochait de l'Angleterre. Puis elle s'endormit, en se demandant quelle sorte de livre Nathan pourrait bien écrire.

Table

5931

Composition Chesteroc International Graphics
Achevé d'imprimer en Europe (France)
par Maury-Eurolivres – 45300 Manchecourt
le 8 octobre 2001.
Dépôt légal octobre 2001. ISBN 2-290-31176-6
1er dépôt légal dans la collection : août 2001

Éditions J'ai lu
84, rue de Grenelle, 75007 Paris
Diffusion France et étranger : Flammarion